AF389667

# LE NOVVEAV
# PARNASSE
## OV
# LES TRAGEDIES
## EN PROSE

DE MONSIEVR DE LA SERRE,
CONSEILLER DV ROY EN SES CONSEILS,
& Historiographe de France.

A PARIS,
Chez ANTOINE DE SOMMAVILLE, au Palais,
dans la petite Salle des Merciers, à l'Escu
de France.

M. DC. XLVI.
AVEC PRIVILEGE DV ROY.

On l'ayme en le voyant, on le craint sans le voir
Toutes ses actions sont autant de merueilles,
Ses conseilz ont reduit l'Espagne au desespoir
Et la France ne doit son repos qu'a ses Veilles.
Æ Rousselet fecit
. P. De la Serre .

# A MONSEIGNEVR,

## MONSEIGNEVR

## L'EMINENTISSIME

## CARDINAL

# MAZARIN.

 ONSEIGNEVR,

*Ie viens à la ſuite des autres rendre l'hommage que ie dois à voſtre Eminence. Que ſi en cette action i'ay paru des derniers, mon zele n'en*

ã ij

est pas moins considerable, le respect
& la crainte ont retardé mes pas.
Mais ie ne sçay maintenant en quels
termes ie dois parler d'Elle : toutes-
fois ie ne sçaurois faillir ; la voix
publique m'a appris tout ce que i'en
dois dire. N'est-ce pas par la vertu
de vostre Ministere, que nostre Monarque s'est fait Maieur à son âge
en se faisant Arbitre de la Chre-
stienté, si le Throsne de son En-
fance est le seul Autel de refuge,
où tous les Princes oppressez portent
vtilement leurs vœux. D'où vient
qu'il impose auiourd'huy des loix à
toute l'Europe, aprés luy auoir fait
connoistre qu'il en peut donner les
Sceptres & les Coronnes, puis qu'il

en ſçait punir les vſurpateurs? Qui ne
connoiſt pas encore que la force de vos
Conſeils eſtant plus redoutable que
celle de nos armes, vous ſemez tous
les lauriers dont nos Heros ſe font
des Coronnes : Et que nos Ennemis
ont beau ſe liguer enſemble pour
nous reſiſter ſeulement, voſtre Genie
les combat auec tant de ſuccez dans
voſtre Cabinet par ſa ſeule preuoyance, que leur défaite eſt infaillible
auant qu'ils en viennent aux mains?
Certes, MONSEIGNEVR, on
peut dire de V. E. qu' Elle eſt l'An-
ge Tutelaire de cet Empire, ſi d'v-
ne magnanimité toute Heroique Elle
ſacrifie les plus beaux iours de ſa
vie aux ſoins de nous donner la

ã iij

Paix. De moy, toutes les fois que ie
penſe qu'en eſpouſant nos intereſts,
vous nous auez laiſsé voſtre Reputation en oſtage, comme garante de
tous les euenemens qui nous peuuent arriuer; ie ſuis contraint de
confeſſer, en admirant voſtre genero-
ſité, qu'on n'en verra iamais de pareille. Que peut-on voir en effeĉt de
plus merueilleux en noſtre ſiecle, qu'v-
ne perſonne de voſtre condition, à
qui la Fortune ne peut rien donner,
ny l'eſperance rien promettre, quitter genereuſement le port où ſon ſeul
merite l'auoit fait ſurgir, pour prendre le Timon de noſtre Nauire au
fort de la tempeſte, ſans autre deſſein que celuy de ſeruir vn Auguſte

Pupille? Iz m'eſtonne qu'on celebre encore la memoire de ce Romain qui ſe precipita aueuglement dans vn peril ineuitable pour en garentir ſes Citoyens, puis que l'amour de la Patrie fait ſouuent cette ſorte de Martyrs: Mais ſi l'on conſidere auiourd'huy en V. E. qu'vn nouueau Romain s'expoſe à tous momens comme vne victime publique, aux atteintes & de la Rage & de l'Enuie, pour la ſeule gloire des François: Ce ſont ces actions, MONSEIGNEVR, qui s'eterniſent d'elles-meſmes, comme eſtant ſi glorieuſes & ſi peu communes, qu'il faut auoüer qu'Elle nous en a fait voir le premier exemple. I'en dirois dauantage ſi V. E. n'a-

uoit de la pudeur pour les loüanges
qu'on luy donne : Ce qui m'oblige
dans l'aprehenſion où ie ſuis de luy
deſplaire , de l'aſſeurer ſeulement
que de tous les ſeruiteurs que cette
grande Reputation qu'Elle s'eſt aqui-
ſe luy a fait en mille lieux , ie ſuis
par inclination autant que par deuoir,


MONSEIGNEVR,


Le plus humble & le plus obeïſſant,
PVGET DE LA SERRE.

A PARIS,

Chez AVGVSTIN COVRBE´ Libraire dans la petite Salle du Palais à la Palme

Auec Priuilege du Roy. 1642.

# THOMAS MORVS,
## OV
## LE TRIOMPHE DE LA FOY,
## ET DE LA CONSTANCE,
## TRAGEDIE.

# ACTE PREMIER.

# SCENE PREMIERE.

## THOMAS MORVS, ET LE DVC DE SOFOC.

### LE DVC DE SOFOC.

ONSIEVR, pourquoy resistez vous
aux volontez du Roy?

### THOMAS MORVS.

Ie ne sçaurois estre complaisant à son crime : il

A

veut repudier la Reine sans sujet : Il veut changer de Religion, pour authorifer d'vn pouuoir
abfolu fes fecondes Nopces; & ie donneray des
loüanges à fes pernicieux deffeins ? Non, non,
Monfieur, ie n'ay pas affez de lafcheté, pour ap-
puyer de mes confeils vne fi funefte entreprife.

### LE DVC.

On ne raifonne iamais auec fon Souuerain.

### THOMAS MORVS.

A quoy nous fert donc la Raifon !

### LE DVC.

A luy obeïr quand il commande.

### THOMAS MORVS.

Encore que ie fois né fon fubiet, ie ne veux pas
mourir fon efclaue : Si i'ay vne vie à perdre, i'ay
vne Ame à fauuer.

### LE DVC.

Ne fçauez vous pas que celuy qui fait les Loix
eft au deffus d'elles ?

### THOMAS MORVS.

Ie fçay bien que les hommes qui font les Loix
les peuuent violer quandil leur plaift : mais cel-

les de noftre Religion Chreftienne & Catholique ne font pas de leur inftitution. Dieu les a efcrites de fon Sang & de fa main; celle de fa Maiefté n'a pas le pouuoir d'en effacer les characteres.

## LE DVC.

Les Sages du Siecle n'ont point d'autre modelle en toutes leurs actions, que celuy de leurs Princes; ils fuiuent aueuglément leurs fentimens, fans murmurer, & fans fe plaindre.

## THOMAS MORVS.

La Sageffe du monde eft vne Folie deuant Dieu: ie ne fuis point aueugle, pour fuiure aueuglément les volontez du Roy: Les maximes de ma confcience me feront toufiours plus confiderables que celles de l'Eftat.

## LE DVC.

Ce font des difcours d'vn mauuais Politique.

## THOMAS MORVS.

Ce font des raifons d'vn bon Chreftien.

## LE DVC.

Croyez vous refifter tout feul à vne Puiffance abfoiuë?

## THOMAS MORVS.

Vous imaginez vous que tout le monde ensemble me puiſſe faire changer de Foy?

## LE DVC.

La Raiſon obeït, quand la Force commande.

## THOMAS MORVS.

Le Tonnerre ſe fait oüir, quand la Tyrannie veut regner.

## LE DVC.

La cholere des Rois eſt auſſi redoutable que la foudre du Ciel.

## THOMAS MORVS.

Ie ne crains ny l'vne ny l'autre dans mon innocence.

## LE DVC.

Eſtes vous innocent de deſobeïr à voſtre Prince?

## THOMAS MORVS.

Oüy, puiſque mon obeïſſance ſeule me peut rendre criminel.

## LE DVC.

N'eſt-ce pas le deuoir de voſtre charge d'au-
thoriſer ce que le Roy deſire?

## THOMAS MORVS.

Mon ſerment ne m'oblige d'aprouuer que ce
qui eſt iuſte & raiſonnable.

## LE DVC.

Le Roy ne vous a donc fait ſon Chancelier
que pour luy contredire.

## THOMAS MORVS.

Sa Majeſté m'a mis vne partie de ſon authorité entre les mains, pour en vſer comme ie doy.

## LE DVC.

Ie n'euſſe iamais crû qu'vn homme de voſtre
âge euſt raiſonné ſi mal.

## THOMAS MORVS.

Ie n'euſſe iamais penſé qu'vne perſonne de voſtre condition m'euſt tenu ce langage.

## LE DVC.

Ie vous ay dit la Verité.

## THOMAS MORVS.

Ie vous ay fait connoiſtre la Raiſon.

### LE DVC.

La Raison a deux visages ; chacun la regarde
de son costé.

### THOMAS MORVS.

Ie la considere tousiours du costé droit.

### LE DVC.

C'est vostre opinion.

### THOMAS MORVS.

Ce sera celle des plus sages.

### LE DVC.

Chacun abonde en son sens.

### THOMAS MORVS.

Le mien ne me sçauroit tromper dans le chemin que ie tiens : bon soir, Monsieur.

### LE DVC seul.

Le Roy n'en est pas là où il pense : ce vieux
Politique en s'opposant à ses desseins , en retar-
dera le succés : mais si sa Maiesté suit mon conseil, elle iettera de nouueaux fondemens de son
authorité sur les cendres de ce Rebelle. Elle a
beau chercher son contentement ; elle ne le trou-

üera iamais que dans le tombeau de ce Chancelier.

## SCENE II.

### LA REINE ET CLEONICE sa parente.

#### LA REINE.

HERE Coufine, as-tu iamais vû vne Prin-
ceffe plus mal-heureufe que moy ? Que me
fert-il de commander à vn nombre infiny de
fubiets, fi le plus miferable de tous eft encore
affez heureux pour me donner de l'enuie ? La
gloire de mon berçeau, & la grandeur de ma
Fortune ne me feruent qu'à mefurer la profon-
deur des abyfmes, où ie feray bien toft precipitée. Le Roy me hait auec excés, parce que ie
l'aime extrémement ; & apres m'auoir ofté fon
cœur, il l'a donné à vne autre, auec cette efperance de porter bien toft la qualité de Reine.
Mais quoy que fon mépris me pourfuiue iufques
à la mort, ma douleur fera toufiours muette;
puifque fon filence accourcira mes iours, fans
troubler le repos des fiens.

#### CLEONICE.

Il n'y a point d'apparence, Madame, que le Roy

se porte à vne extremité où il y va de son honneur, aussi bien que de vostre dommage.

LA REINE.

Dequoy n'est point capable vn Amoureux, du-
rãt le regne de sa passion, quand elle est accompagnée d'vne Puissance absoluë! Tu ne le cognois
pas: le feu qui le deuore est son seul Element: il
preuoit son mal-heur: il recognoit sa faute: mais
son mal-heur luy plaist aussi bien que son crime;
& tous les deux ensemble preparent mon Tombeau.

CLEONICE.

Voudroit-il se seruir de son pouuoir absolu,
pour se ruiner soy-mesme?

LA REINE.

De l'humeur qu'il est, tout luy est indifferant,
pouruû qu'il se contente: ses passions regnent é-
galement auec luy: si le mal-heur qui panche sur
sa teste n'y tombe à mesme temps, il n'en craint
plus le coup, & se mocque de la menace.

CLEONICE.

Quand il auroit le dessein de repudier V.M. sa
puissance ne s'estend pas iusques là: il faut de necessité qu'il consulte l'Oracle de l'Eglise,

LA

### LA REINE.

Il l'a defia fait par compliment; mais au refus de le contenter, il se difpenfera luy mefme : fes volontez font fes raifons.

### CLEONICE.

Il changera donc de Religion ?

### LA REINE.

Il n'aura pas beaucoup de peine, s'il ne reconnoift maintenant autre Dieu, que l'Amour.

### CLEONICE.

Le Ciel ne laiffera pas fes crimes impunis.

### LA REINE.

Tu m'affliges au lieu de me confoler, chere Coufine, en me tenant ce difcours : ne fçais-tu pas que dans la condition où ie fuis, ie dois partager auec luy toutes fes peines ?

### CLEONICE.

Ie fçay bien, Madame, que V. M. l'aime vniquement, & par deuoir & par inclination ; mais la preuoyance que i'ay de fon mal-heur, me fait parler de la forte.

### LA REINE.

Il a beau eſtre coupable deuant Dieu ; il ne le
ſçauroit eſtre dans mon Ame , puis qu'il poſſede mon cœur.

### CLEONICE.

Que cette paſſion eſt loüable, Madame, en
V. M. Ie ſouhaiterois que le Roy en connuſt
& la verité, & le merite.

### LA REINE.

Cette connoiſſance me ſeroit inutile dans l'a-
ueuglement où il eſt. Arthenice le tient enchainé auec des liens ſi forts , que la Mort ſeule les
peut rompre.

### CLEONICE.

Veritablement, Madame, voſtre Maieſté a beſoin de toute ſa conſtance, pour ſouffrir ſans murmurer vn ſi ſenſible deſplaiſir.

### LA REINE.

Ma conſtance ſeroit bien foible , ſi le Ciel ne
l'appuyoit : nous ne pouuons de nous-meſmes que
ſoupirer, & que nous plaindre ; c'eſt à luy ſeul à
nous conſoler. Mais, Seigneur, ſi tes Decrets eter-
nels m'ont deſtinée aux tourmens dont mes pe-

chez & ta Iuſtice me menacent, apprens, apprens
moy à t'aimer, afin que cette amour m'apprenne
à ſouffrir ; en me faiſant Reine de cét Empire
tu m'as donné les Roſes en partage : mais ie ſuis
fort aiſe que mes mal-heurs, les ayant fait fleſtrir
ſur ma teſte, & que les eſpines m'en demeurent ;
puiſque tu en as eſté couronné, ton exemple me
ſeruira de conſolation.

# SCENE III.

## LE ROY, ſeul.

QVE ie ſuis inquieté dans mes grandeurs!
que ie ſuis mal-heureux parmy les felicitez de ma condition ſouueraine! Ie veux
que l'éclat de ma Couronne me faſſe aimer de mes
ſubiets, craindre de mes Ennemis, & enuier de
tous les autres Rois de la Terre; toutes ces mar-
ques de pouuoir me reprochent honteuſement
ma foibleſſe, puis qu'vn Enfant me fait la loy. O
Deſtins trop abſolus pour ma ruine! pourquoy
permettez vous qu'Amour allume dans mon ame
vn feu qui ne ſe peut eſteindre qu'auec la derniere goutte de mon ſang? Ie ſçay bien qu'Arthenice eſt née ma ſubiette; mais vous luy auez

donné en naissant de certains charmes qui m'ont
assubietty moy mesme ; de sorte qu'au lieu d'attendre vn hommage de son deuoir, ie suis contraint de luy rendre celuy de mon obeissance. Elle veut porter auec mon Espouse la qualité de
Reine, comme si les Sceptres & les Couronnes se
pouuoient partager : leur authorité est vn sujet de
jalousie, dont la foiblesse se communique aux Es-
prits les plus forts. Elle peut bien regner dans
mon cœur, mais non pas dans mes Estats : le Ciel
me tient enchainé auec des liens que luy mesme
ne sçauroit rompre. Si veux-ie pourtant employer
les derniers efforts de mon industrie, pour soulager mon mal, si ie ne puis le guerir. Damon,
Cleante, qu'on fasse venir Arthenice.

*Il continuë à parler.*

Ha ! que le Sceptre me sied mal en presence de
cette Souueraine ! Arthenice, ces soupirs vous
appellent à mon secours ; ie meurs de vostre a-
mour : consolez moy d'vne parole.

# SCENE IV.

## ARTHENICE.

IRE, ie ne puis donner que des larmes à ces
soupirs, dans la condition où ie me treuue.

### LE ROY.

Vos larmes me brûlent aussi bien que vos regards, comme procedans d'vne mesme source
de flamme.

### ARTHENICE.

Si mon absence peut soulager V. M. ie me pri-
ueray de l'honneur de la voir.

### LE ROY.

A quoy me seruiroit vostre absence, apres vous
auoir veuë? la main qui m'a blessé s'éloigneroit
de moy ; & le trait qu'elle m'a lancé demeure-
roit dans mon cœur. Iugez si mon ame en seroit
soulagée.

### ARTHENICE.

Le Temps ou la Raison gueriront V. M.

### LE ROY.

Le Temps ne peut qu'empirer mon mal, & la Raison le doit rendre incurable.

### ARTHENICE.

Il faut donc que V.M. se guerisse elle mesme.

### LE ROY.

Comment puis-ie me guerir, si vous estes mon vnique remede?

### ARTHENICE.

Si ma mort peut soulager V.M. elle sera bien tost satisfaite.

### LE ROY.

Ie ne sçaurois vous perdre, & me conseruer; mais si ie ne puis estre l'objet de vostre amour, que ie sois celuy de vostre compassion.

### ARTHENICE.

Si i'ay de la compassion, ce ne sera que pour moy mesme.

### LE ROY.

I'adore vostre vertu. Mais pourroit-elle souf-frir que ie fusse sa Victime?

## ARTHENICE.

I'admire voftre bonté : mais voudroit-elle confentir au Sacrifice de mon Honneur?

## LE ROY.

Que pouuez vous craindre ?

## ARTHENICE.

Que dois-ie efperer ?

## LE ROY.

Toutes fortes de felicitez en me poffedant.

## ARTHENICE.

Et puis-ie poffeder V. M. fi elle s'eft donnée à vne autre ?

## LE ROY.

N'eftes vous pas contente de Regner abfolument ?

## ARTHENICE.

Ce Regne ne peut eftre abfolu , n'ayant ny Sceptre, ny Couronne.

## LE ROY.

Ie vous offre tous les deux.

ARTHENICE.

Qu'en ferois-ie, sans la qualité de Reine?

LE ROY.

Vous la serez toūsiours de mes volontez.

ARTHENICE.

Ie ne desire point vn bien qui soit sujet au change.

LE ROY.

Doutez vous de ma fidelité?

ARTHENICE.

Il faut bien que i'en doute, si ie suis l'objet de
vostre inconstance.

LE ROY.

Mon Destin me donne à vous pour vne Eternité.

ARTHENICE.

Et le mien ne me permet pas d'agréer l'honneur de ce don, si le Ciel ne l'authorise.

LE ROY.

Peut-il détruire ce qu'il a fait.

ARTHENICE.

Dois-ie courre aueuglément à ma perte?

LE

### LE ROY.

Eſt-ce vous perdre que de vous ietter entre
mes bras?

### ARTHENICE.

Ouy, puiſque ma reputation y trouueroit
ſon eſcueil.

### LE ROY.

Ie ne ſçaurois repudier mon Eſpouſe.

### ARTHENICE.

Ie ne veux pas me couurir d'infamie.

### LE ROY.

Il n'y a point de honte d'eſtre Maiſtreſſe d'vn
Roy.

### ARTHENICE.

Ie me contente d'eſtre ſa ſubiette.

### LE ROY.

Si vous l'eſtes, que ne luy obeïſſez vous?

### ARTHENICE.

Mon honneur ne releue pas de ſon Empire.

### LE ROY.

Ie vous demande Grace auſſi, pluſtoſt que Iuſtice.

### ARTHENICE.

Ie n'ay point de faueur à donner de ce prix là.

### LE ROY.

Esteignez donc le feu dont vos yeux ont embrasé mon ame.

### ARTHENICE.

Si ie croyois que mes yeux fussent coupables de ce crime, ie les condamnerois à pleurer eternellement.

### LE ROY.

Vous estes trop iuste, pour punir leur innocence : la Nature leur a appris tout le mal qu'ils ont fait.

### ARTHENICE.

Ils sont assez coupables, si V. M. s'en plaint.

### LE ROY.

Ie ne me plains que de vostre rigueur.

### ARTHENICE.

Vos plaintes seront donc eternelles.

### LE ROY.

Il faut auoüer que vostre Beauté & vostre Ver-

tu font également admirables : mais fi l'vne me
commande de vous aimer, l'autre me le défend:
à qui dois-ie obeïr?

### ARTHENICE.

A la Raifon.

### LE ROY.

Ie ne la connoy plus.

### ARTHENICE.

Quittez voftre bandeau.

### LE ROY.

Oftez-le moy vous mefme.

### ARTHENICE.

I'y fay ce que ie puis.

### LE ROY.

Voftre foibleffe me plaift, & là mienne me
confole.

### ARTHENICE.

Quelle confolation peut trouuer V. M. dans
vn mal qui n'a point de remede?

### LE ROY.

Pourquoy m'oftez vous l'efperance?

ARTHENICE.

Comment puis-ie vous l'oster, si ie ne vous l'ay iamais donnée?

LE ROY.

Vous auez trop de raisons contre vn Amant.

ARTHENICE.

Et vostre Maiesté me pardonnera, si ie luy dis qu'elle a trop d'artifices contre vne Fille.

LE ROY.

Ie prie.

ARTHENICE.

Ie refuse.

LE ROY.

C'est mon inquietude.

ARTHENICE.

C'est mon repos.

LE ROY.

Vous resioüissez vous de ma douleur?

ARTHENICE.

Cherchez vous vostre satisfaction dans ma perte?

## LE ROY.

Ha ! Arthenice, pourquoy me resistez vous auec tant d'effort ?

## ARTHENICE.

Ha ! Sire, pourquoy m'attaquez vous auec tant de violence ?

## LE ROY.

C'est mon Amour qui vous poursuit.

## ARTHENICE.

C'est mon Honneur qui se deffend.

## LE ROY.

Escoutez mes plaintes.

## ARTHENICE.

Voyez mes larmes.

## LE ROY.

Rendez vous à la Raison.

## ARTHENICE.

C'est elle seule qui vous resiste.

### LE ROY.

C'eft pluftoft voftre cruauté.

### ARTHENICE.

Vous m'appellez cruelle, parce que ie fuis vertueufe.

### LE ROY.

Ie vous appelle infenfible , parce que vous
eftes inexorable.

### ARTHENICE.

Ie fuis cruelle , infenfible, & inexorable, puis
que voftre Maiefté le veut : mais qu'elle confidere que fi ie ne l'eftois , fon amour fe changeroit
bien toft en haine.

### LE ROY, feul.

A quoy me puis-ie refoudre dans le miferable
eftat où ie fuis reduit ? Prefereray-ie mon contentement à ma gloire ? Eftabliray - ie mon repos fur les ruines de ma reputation ? Si ie repudie mon Efpoufe , ie fomme mes fubiets à la
reuolte : fi ie change de Religion , ie crie vangeance au Ciel contre moy mefme. Mais quoy ?
ie feu qui me deuore eft auffi redoutable que ce-

luy de ſes foudres. Dans le deſeſpoir de ma gue-
riſon, il faut de neceſſité que ie hazarde ma vie
pour la ſauuer : on ne doit iamais chercher de
remede aux maux qui n'en ont point.


## Fin du premier Acte.

# ACTE II.

## SCENE PREMIERE.

AMELITE, ET ARTHENICE sa fille.

### AMELITE.

RTHENICE, que vous a dit le Roy?

### ARTHENICE.

Il ne m'a parlé que de son Amour, Madame,
& du dessein qu'il a de me choisir pour sa Maistresse. Mais ie luy ay tesmoigné que l'estant desia
de mon Ambition, il ne me pouuoit faire rien esperer qui ne fust au dessous de ma Fortune.

### AMELITE.

Il vous a promis, sans doute, de vous faire la
plus grande du monde.

### ARTHENICE.

Ses promesses ne m'ont point tentée, ie mesprise les grandeurs, si la Iustice n'en iette les fondemens

demens. Il n'en veut qu'à mon honneur : mais
ie luy feray connoiſtre que ma Vertu ſçait donner des limites à vne puiſſance abſoluë.

### AMELITE.

l'approuue vos actions : ie loüe vos deſſeins ;
mais il faut moderer vos rigueurs, ſi vous voulez qu'il y ait de l'excés en voſtre Fortune.

### ARTHENICE.

La Fortune ne me ſçauroit rien donner auiourd'huy, qu'elle ne me puiſſe oſter demain.
Que voulez vous que ie faſſe de ſes faueurs, Madame, ſi meſme en les poſſedant ie n'oſeray pas
dire qu'elles m'appartiennent ?

### AMELITE.

Il ſe faut touſiours ſeruir en paſſant des biens
qu'elle nous donne, puiſque nous ne faiſons
auſſi que paſſer. Les preſens d'vn Sceptre & d'v-
ne Couronne ne ſont pas à refuſer.

### ARTENICE.

C'eſt vn petit auantage de receuoir vn grand
preſent d'vn Aueugle ; & puis, quel droit ay-ie
de pretendre à la Couronne ? Croyez vous que
ma Beauté paſſe pour tiltre ?

D

### AMELITE.

La Beauté fait des Efclaues par tout ; & fi le Roy eft de ce nombre, il vous rendra la plus heureufe de fon Royaume.

### ARTHENICE.

Ma felicité ne confifte qu'à conferuer mon Honneur : tout le refte m'eft indifferent.

### AMELITE.

Mais en conferuant voftre Honneur , il ne faut pas perdre l'occafion de vous agrandir.

### ARTHENICE.

Que dois-ie faire ?

### AMELITE.

Tout ce qui vous fera poffible, pour mefnager difcrettement la bonne volonté que le Roy tefmoigne auoir pour vous.

### ARTHENICE.

Ma difcretion ne me donnera point de moyens legitimes pour y reüffir.

### AMELITE.

Voftre Beauté paracheuera ce que voftre prtdence aura commencé.

### ARTHENICE.

Quelle confiance puis-ie auoir en ma beauté, si
elle prend congé de moy à toute heure?

### AMELITE.

Encore qu'elle vous die Adieu à tous momens, elle vous peut faire Reine auant que
vous quitter.

### ARTHENICE.

Si ie ne reçoy la Couronne que de ma Beauté, ce sera vne Couronne de fleurs, qui se flétri-
ront auec elle.

### AMELITE.

Il vaut mieux commander qu'obeïr.

### ARTHENICE.

L'obeïssance n'est point honteuse, quand elle est necessaire.

### AMELITE.

Elle est tousiours insupportable à vne personne de condition.

### ARTHENICE.

I'aime mieux la souffrir par Raison, que

m'en exempter par Tyrannie.

### AMELITE.

L'occasion de Regner ne s'offre pas touſiours, Arthenice.

### ARTHENICE.

Ie regne deſia ſur mes paſſions, Madame.

### AMELITE.

Quand vous ioindriez à la Couronne de vos Vertus celle de ce Royaume , vous en ſeriez mieux parée : Le Roy vous peut faire Reine quand il voudra.

### ARTHENICE.

Sa puiſſance ne s'eſtend pas ſi loin que ſes deſirs ; & quand il auroit ce deſſein , ie n'ay pas cette penſée.

### AMELITE.

Si apres auoir repudié la Reine , il vous eſpouſe, que ſçauriez vous ſouhaitter ?

### ARTHENICE.

Et ſi en m'eſpouſant il ne me donne qu'vne Foy violée, que ne dois-ie pas craindre ?

## AMELITE.

Il faut hazarder quelque chose pour estre Reine.

## ARTHENICE.

On ne met iamais au hazard ce qu'on ne peut
perdre qu'vne fois.

## AMELITE.

Le temps vous fera changer de langage; allons faire vne visite dans le Palais.

## ARTHENICE.

Ie vous suiuray, Madame.

# SCENE II.

LE ROY, auec Polexandre son Fauory.

## LE ROY.

ES conseils sont ennemis de mon repos;
dois-ie refuser à moy mesme le secours de
mon pouuoir absolu dans le miserable estat où
ie me treuue ?

## POLEXANDRE.

Vn Roy paſſe pour Tyran , quand il rend ſes paſſions auſſi abſoluës que ſa Puiſſance.

## LE ROY.

La Tyrannie & la cruauté ſont les ſeules ar-mes dont ie me puis ſeruir , pour vaincre mon mal-heur, & ſoulager mes peines.

## POLEXANDRE.

Quel ſoulagement peut trouuer voſtre Ma-ieſté dans les ruines de ſon honneur?

## LE ROY.

I'abandonne mon honneur, où il va de l'in-tereſt de ma vie.

## POLEXANDRE.

L'vn & l'autre en cette rencontre courent vn meſme peril.

## LE ROY.

Que me peut-il arriuer de plus inſupporta-ble que les tourmens que i'endure?

## POLEXANDRE.

Les reproches d'vne vie honteuſe ſont beau-coup plus ſenſibles.

### LE ROY.

Ne ſçais-tu pas que les traits de la Calomnie tombent vainement aux pieds des Rois, tandis qu'ils portent la Couronne ſur la teſte?

### POLEXANDRE.

Ie ſçay bien que leurs Maieſtez ſont tellement eſleuées au deſſus du Commun, que les coups de la médiſance ne les peuuent atteindre. Mais quelques puiſſantes qu'elles ſoient ſur la la Terre, elles ne ſçauroient trouuer vn abry dans leurs crimes contre les foudres du Ciel.

### LE ROY.

Si le Ciel puniſſoit tous les crimes d'Amour, il auroit bien toſt dépeuplé le monde par ſa Iuſtice.

### POLEXANDRE.

Peut-il faire grace à ceux qui veulent reduire en cendre ſes Autels?

### LE ROY.

Si ie ne le détruis, i'en ſeray la Victime.

### POLEXANDRE.

Mais en les détruiſant, voſtre Maieſté en eri-

ge vn tout nouueau, & à sa honte, & à sa con-
fusion.

## LE ·ROY.

Que puis-ie apprehender?

## POLEXANDRE.

Toutes choses.

## LE ROY.

Quels sont mes ennemis?

## POLEXANDRE.

Vos Subiets,

## LE ROY,

Qui tiendra leur party?

## POLEXANDRE

La Raison.

## LE ROY.

La Raison, mes Subiets, & toutes les choses du
monde, ne sçauroient retarder d'vn moment
mes entreprises : ie suis tout-puissant, quand il
me plaist.

## POLEXANDRE.

Arthenice est donc vaincuë.

LE

## LE ROY.

Ie puis tout, Polexandre, fors que fléchir cette Inhumaine.

## POLEXANDRE.

Ha! Sire, deschirez le bandeau qui vous aueugle.

## LE ROY.

Veux-tu que ie m'arrache les yeux, pour re-couurer la veuë? Il faut necessairement que ie meure, ou de regret, ou d'Amour.

## POLEXANDRE.

Vn Roy a de puissans appas, pour tenter les plus chastes.

## LE ROY.

Tu ne la cognois point : son Esprit égale sa Beauté ; & pour mon mal-heur sa Vertu est mille fois plus adorable encore.

## POLEXANDRE.

Il n'est point de Vertu à l'espreuue d'vne longue perseuerance. Que V. M. me permette de luy parler : ie la mettray à la raison, si elle en a tant soit peu.

## LE ROY.

Si tu l'attaques par raison, ie ne gaigneray iamais ma caufe, puifque la Iuftice eft pour elle.

### POLEXANDRE.

La Iuftice eft aueugle, auffi bien que l'Amour; & fi fa Balance ne pefe vos interefts, voftre Sceptre eft plus redoutable que fon Efpée.

### LE ROY.

Ie fçay bien que tu perdras ton temps : mais ton zele foulagera mes peines.

### POLEXANDRE, feul.

Que ie ferois heureux, fi par les charmes de mes difcours ie pouuois calmer l'orage qui me vient accueillir ! Mais il faudroit que ma langue euft autant de vertu que le Trident de Neptune. I'entreprens d'amolir vn Rocher, & d'enflammer d'Amour vne Ame de glace. N'eft-ce pas vn deffein dont la temerité prepare mon fupplice ? Si faut-il franchir cette carriere : mon credit, ou mon zele, m'en feront euiter le peril.

# SCENE III.

## ARTHENICE, seule.

QVe ie suis mal-heureuse dans la condition
où ie me treuue! Faut-il que le Roy m'aime
auec passion, & que cette Amour me soit vn sujet de haine? Faut-il qu'il m'estime particuliere-
ment, pour me faire mespriser de tout le monde? Il me donne la qualité de sa Maistresse, afin
de m'oster celle de Fille d'honneur : Il adore ma
beauté, pour sacrifier ma reputation. Ne dois-ie
pas appeller cruauté son Amour, & prendre son
estime pour vne marque d'infamie? Ie soupire,
mais c'est apres ma perte : il fait le passionné, mais
c'est de ma ruine. Ie veux que ses desseins soient
innocens; les apparences en sont si criminelles,
que i'en rougy de honte, comme si i'estois desia
coupable. Ie n'ay que faire de son Empire : celuy que i'ay acquis sur mes passions est beaucoup
plus glorieux : ie mesprise sa Couronne : celle de
ma Vertu est à l'espreuue du Temps. Qu'il garde ses tresors : mon honneur me rend assez riche. Resistons; resistons donc, mon ame, tout
à la fois, & contre l'Amour, & contre la Fortu-

E ij

ne : feruons-nous des chaines de l'vn, pour l'atta-
cher à la Rouë de l'autre ; & triomphant de tous
deux enfemble, faifons voir à toute la Terre, qu'v-
ne Sujette a donné la loy à fon Souuerain.

# SCENE IV.

## POLEXANDRE.

Adame, ie viens me refioüir auec vous de
ce que le Roy vous a choifie pour fa Mai-
ftreffe.

## ARTHENICE.

Monfieur, ie ne pretends point cette qualité :
mon Ambition a de plus iuftes vifées.

## POLEXANDRE.

Ie veux, croire que vous n'auez iamais defiré
cét honneur, quoy que vous le meritiez. Mais
puifque la Fortune vous le prefente, vous auez
l'efprit trop bon pour le refufer.

## ARTHENICE.

Ie ne remercieray iamais la Fortune de cette
forte de prefens.

## POLEXANDRE.

Ne seriez-vous pas heureuse de posseder les bonnes graces du plus grand Monarque du monde?

## ARTHENICE.

Mon honneur n'est point à vendre , pour ache-
ter vn bien si cher.

## POLEXANDRE.

Ce n'est pas interesser vostre honneur, que de le
mettre à l'abry d'vn Sceptre & d'vne Couronne.

## ARTHENICE.

Non, pourueu que ie porte ce Sceptre à la main,
& cette Couronne sur la teste.

## POLEXANDRE.

Ne vous suffit-il pas de Regner?

## ARTHENICE.

Est-ce Regner que d'estre Esclaue?

## POLEXANDRE.

Est-ce estre Esclaue que de commander à vn
Souuerain?

## ARTHENICE.

l'aime mieux obeïr à la Raison.

### POLEXANDRE.

La Raiſon veut auſſi que vous ne refuſiez pas
le preſent que le Roy vous fait de ſon cœur.

### ARTHENICE.

Son cœur n'eſt plus à luy : vne autre le poſſede.

### POLEXANDRE.

Que vous importe cela, puis qu'il ne ſoupi-
re que pour vous ?

### ARTHENICE.

Mon ambition ne ſe repaiſt pas de vent.

### POLEXANDRE.

Le Roy ne peut vous eſpouſer, pource que la
Reine vit encore.

### ARTHENICE.

Et ie ne ſçaurois l'aimer, pource que mon
honneur me le deffend.

### POLEXANDRE.

Voulez vous qu'il perde ſes Eſtats pour vous
contenter ?

### ARTHENICE.

Voulez vous que ie ruine ma reputation pour le satisfaire?

### POLEXANDRE.

Vous estes bien delicate, de refuser vn Roy pour Seruiteur.

### ARTHENICE.

Ie serois bien plus fole encore , si ie l'acceptois pour Maistre.

### POLEXANDRE.

Quel plus grand aduantage sçauriez vous souhaitter?

### ARTHENICE.

Celuy de viure & de mourir dans la condition d'honneur que ie professe.

### POLEXANDRE.

La condition de sa Maistresse est fort honorable.

### ARTHENICE.

Celle de Fille de bien l'est encore plus.

### POLEXANDRE.

Si vous ne l'estiez le Roy ne vous aymeroit point.

### ARTHENICE.

I'en veux conseruer aussi la qualité, pour me rendre plus digne de ses bonnes graces.

### POLEXANDRE.

Vostre Beauté suffit, pour faire vostre Fortune.

### ARTHENICE.

Ma Fortune est faite, puisque ie suis contente.

### POLEXANDRE.

Où trouuez vous du sentiment, hors de la condition souueraine qu'on vous presente?

ARTHE-

### ARTHENICE.

Ie ne veux eftre abfoluë que fur mes paffions.

### POLEXANDRE.

La Vertu n'eft point ennemie de la Fortune.

### ARTHENICE.

Celle qu'on me prefente ne peut compâtir
auec mon honneur.

### POLEXANDRE.

L'honneur de voftre Sexe n'eft qu'vne Chi-
mere.

### ARTHENICE.

La Fortune de la Cour n'eft qu'vn Fantofme.

### POLEXANDRE.

Ce Fantofme eft l'Idole des cœurs ambitieux.

### ARTHENICE.

Dites pluftoft que c'eft l'Autel où le plus fouuent ils feruent de Victimes.

### POLEXANDRE.

Les Trônes ont beaucoup d'appas , & de
charmes.

F

### ARTHENICE.

Ils n'ont pas moins de foucis & d'efpines.

### POLEXANDRE.

Vous eftes d'humeur auiourd'huy à mefprifer les grandeurs.

### ARTHENICE.

Ie fuis touſiours d'humeur à ne me laiſſer point tenter à leurs vaines apparences.

### POLEXANDRE.

Ie vous trouue bien farouche.

### ARTHENICE.

Ie vous trouue bien hardy.

### POLEXANDRE.

Ie ne fuis hardy que pour voftre intereft.

### ARTHENICE.

Ie ne fuis farouche que pour luy mefme.

### POLEXANDRE.

Voftre Beauté fe paſſera, Arthenice.

### ARTHENICE.

Ma reputation durera touſiours , Polexandre.

POLEXANDRE.

Vne fille a beau eſtre vertueuſe , tout le monde la fuit, quand la Pauureté l'accompagne.

ARTHENICE.

Vne fille a beau eſtre riche , tout le monde
la meſpriſe, quand la Vertu l'abandonne.

POLEXANDRE.

Serez vous touſiours de cette humeur?

ARTHENICE.

Me parlerez vous touſiours de la ſorte?

POLEXANDRE.

Ie vous parle auec franchiſe.

ARTHENICE.

Ie vous reſpons auec raiſon.

POLEXANDRE.

Eſt-ce voſtre derniere volonté?

ARTHENICE.

Ie ne ſuis point capable d'en auoir d'autre.

POLEXANDRE.

Que deuiendra le Roy?

#### ARTHENICE.

Ce qu'il luy plaira.

#### POLEXANDRE.

Que voulez vous que ie luy die?

#### ARTHENICE.

Ce que vous voudrez.

#### POLEXANDRE.

Que doit-il esperer de ses poursuittes?

#### ARTHENICE.

Rien.

#### POLEXANDRE.

Encore vn mot.

#### ARTHENICE.

Adieu.

#### POLEXANDRE.

Adieu donc.

## Fin du second Acte.

# ACTE III.

## SCENE PREMIERE.

POLEXANDRE, ſeul.

Que la conqueſte de cette Beauté couſtera de ſoupirs & de larmes! Ie preuoy que le feu de ſes yeux reduira en cendre cét Empire; que ſes traits bleſſeront à mort mille cœurs innocens;& que ſes charmes tous funeſtes, ſeront autant d'écueils à ceux qui auront le courage de reſiſter à ſa Tyrannie. O Ciel! iuſte Ciel! il n'appartient qu'à toy de donner des courtes limites à ſa puiſſance, puis qu'elle menace de ruine tes Autels. Allume donc tes flames vangereſſes, pour eſteindre les ſiennes impudiques, ſi tu en veux euiter l'embraſement. Mais quelle reſponce feray-ie au Roy? i'apprehende ſon abord, & beaucoup plus encore ſes reproches. Toutefois mon eſtonnement & mon ſilence donnant quelque ſorte de complaiſance à ſa paſſion, il ſe ſatisfera

luy mefme, & fera rauy de fçauoir que mes per-
fuafions ont efté inutiles, dans vn deffein où il
croit reüffir par la feule force de fon Amour : le
voicy venir.

# SCENE II.

## LE ROY.

E T bien, Polexandre, n'eft-elle pas inexorable ? parle hardiment : mais pourquoy veux-ie te faire parler , fi ton
filence exprime defia tout ce que tu as à me
dire ? Il ne fut iamais de rigueur pareille à la
fienne : mais comme fa Vertu égale fa Cruauté ; toutes les fois que ie m'en plains , mon vi-
fage rougit de honte, pour me faire porter la
peine de l'Iniuftice que ie commets. Qu'eft-ce
donc qu'elle t'a dit?

## POLEXANDRE.

Rien du tout : fa Vertu m'a toufiours refpon-
du pour elle.

## LE ROY.

Tu m'en apprens affez en peu de mots : la

crainte me faifit : l'efperance m'abandonne, à
qui doy-ie auoir recours ?

## POLEXANDRE.

A voftre Puiffance.

## LE ROY.

Que puis-ie dans mon aueuglement ?

## POLEXANDRE.

Prendre par force ce que la Raifon vous refufe.

## LE ROY.

L'Amour m'en ofte le courage.

## POLEXANDRE.

Il fuffit qu'il vous en donne le defir.

## LE ROY.

I'en aimerois mieux l'efperance.

## POLEXANDRE.

Et voftre authorité vous en peut donner la
poffeffion.

## LE ROY.

Dés que l'Amour me banda les yeux, il m'arra-
cha la Couronne de la tefte ; & du mefme coup
qu'il bleffa mon cœur, il me fit tomber le Scep-

tre des mains. Ie ne regne plus , Polexandre;
Arthenice occupe ma place : ie ſuis ſujet auſſi
bien que toy,

### POLEXANDRE.

Ie veux qu'elle ait des qualitez dignes d'vn Empire : mais auant que voſtre Majeſté change ſon
Amour en Idolatrie, qu'elle conſidere que c'eſt
vne Idole qui luy demande deſia en Sacrifice ſon
Honneur, ſa Femme, ſes Enfans, & vn nombre
infiny de Subiets , dont la fidelité n'aura iamais
d'exemple.

### LE ROY.

Ha! Polexandre, tu ne ſçais que c'eſt que d'aimer : ie ſuis capable de toutes choſes, fors que
de Raiſon. Mon Empire , mon honneur , ma
femme , mes enfans, & tous mes ſubiets enſemble, me ſont vn ſujet de haine deuant cét Obiet
de mon Amour.

### POLEXANDRE.

Ie ſçay bien qu'Amour eſt vne maladie qui
trouble également l'Eſprit & les Sens : mais à
toute extremité la ioüiſſance en eſt le remede :
ſa conqueſte ne couſtera à V. M. qu'vn peu de
patience : le temps la luy liurera entre les mains.
LE

### LE ROY.



Oses-tu me prescher la patience , me voyant
tout en feu ? Ie brûle, mais d'vne flâme eternelle;
comme si mon corps estoit desia l'Enfer dont
mon ame est menacée. Soulage seulement mon
mal, puis qu'il est sans remede. Que dis-tu de sa
Beauté?

### POLEXANDRE.

Elle est admirable.

### LE ROY.

As-tu pris garde à ses yeux ?

### POLEXANDRE.

Ils font charmans.

### LE ROY.

Que te semble de son teint ?

### POLEXANDRE.

Il est sans pareil.

### LE ROY.

Ha ! Polexandre, tu me blesses de nouueau.

### POLEXANDRE.

C'est V. M. qui se blesse elle mesme : les traits

qu'elle m'élance rejalliſſent ſur elle.

### LE ROY.

Ie ne m'en plains pas : dy m'en dauantage; mais ne me flatte point.

### POLEXANDRE.

Il faut donc que ie change de diſcours.

### LE ROY.

N'eſt-il pas vray que ſes regards ne ſont que feu?

### POLEXANDRE.

Ie l'auouë, mais ſon cœur n'eſt que glace.

### LE ROY.

Son Eſprit n'eut iamais de pareil.

### POLEXANDRE.

Et ſa Vertu auſſi n'aura iamais d'exemple.

### LE ROY.

Pourquoy loüës-tu ſi fort mon Ennemie ? Ne ſçais-tu pas que ſa Vertu a pris les armes contre moy; & que mon Deſtin a mis entre ſes mains les Couronnes de la Victoire? mon mal-heur dans ſon excés ne peut s'égaler qu'à mon Amour: mais voicy l'Objet de ma haine.

# SCENE III.

**LA REINE**, fuiuie de Cleonice, par-
lant au Roy.

### LA REINE.

Ans le bruit qui court que voftre Maiefté
me veut repudier, ie viens en apprendre
le fujet de fa Bouche, pour me punir moy mefme la premiere, fi i'ay failly.

### LE ROY.

Madame, ie ne me porteray iamais à cette extremité, fans y eftre contraint. On peut dire ce
qu'on voudra: ie ne feray que ce que ie dois.

### LA REINE.

Monfieur, il faut bien que ie croye ce que ie
voy.

### LE ROY.

Que voyez vous, Madame?

### LA REINE.

Voftre bandeau, & vos chaines.

### LE ROY.

Ie ne fuis ny Aueugle, ny Captif.

### LA REINE.

Il vous eſt bien mal-aiſé, Monſieur de cacher voſtre paſſion, puis qu'elle tient également & vôtre cœur aux fers, & mon Ame à la geſne.

### LE ROY.

Mon Amour eſt trop iuſte pour la cacher, & ſon ſujet trop beau, pour n'en publier pas le nom & les perfections.

### LA REINE.

Voſtre exemple me ſeruira touſiours de raiſon pour l'eſtimer beaucoup. Mais ne permettez pas, Monſieur, que ſon merite faſſe mon crime; & qu'à force de l'aimer, ie ne deuienne à la fin le ſujet de voſtre haine.

### LE ROY.

Si ſa Beauté vous donne de la jalouſie, ſa Vertu vous l'oſtera bien toſt.

### LA REINE.

Ie n'enuie ny l'vne ny l'autre : mais i'apprehende que toutes deux enſemble ne m'oſtent le Sceptre des mains.

**LE ROY.**

Qui vous peut causer cette crainte?

**LA REINE.**

Voftre nouuelle paffion.

**LE ROY.**

Elle eft trop innocente pour vous nuire.

**LA REINE.**

Si elle eft innocente auiourd'huy, demain elle peut eftre criminelle.

**LE ROY.**

Attendez donc iufques apres-demain à m'en faire des reproches.

**LA REINE.**

Il n'en fera plus temps.

**LE ROY.**

Me voulez vous condamner auant qu'eftre coupable ?

**LA REINE.**

Non , Monfieur , mais ie vous accufe , pour

vous empefcher de le deuenir.

### LE ROY.

Il y a vn peu de tyrannie, Madame, en voftre procedé.

### LA REINE.

Mais il y a beaucoup d'Amour.

### LE ROY.

Viuez en repos, & ne troublez pas le mien de vos foubçons imaginaires.

### LA REINE.

Ne voulez vous pas que ie crie au feu, fi ie vous voy brufler d'vne flame qui me doit reduire en cendre?

### LE ROY.

Si vous apprehendez fon ardeur, la fuitte vous peut guerir de cette crainte.

### LA REINE.

Mais en fuyant i'abandonne mon honneur, qui m'eft plus cher que la vie.

### LE ROY.

I'auray foin de le conferuer, puis qu'il fait

vne partie du mien : dormez en asseurance de ce
costé-là.

LA REINE seule auec Cleonice.



Chere Cousine, que peut-on adiouster à mon
mal-heur, pour me rendre la plus miserable Princesse du monde ? On me laisse la Vie, & l'on
veut m'oster l'Honneur. Puis-ie souffrir que le
Soleil m'esclaire, n'estant plus couuerte que de
honte & d'infamie ? Ie connois trop que le Roy
est resolu de me repudier : mais ie voudrois bien
sçauoir encore, si Arthenice est complice de son
dessein. Il faut de necessité que ie luy parle : son
visage, son action, ou ses discours me feront
voir au dehors tout ce qu'elle a dans l'ame; & en
toute extremité, ie luy feray apprehender le bien
qu'elle desire.

CLEONICE.

Madame, V. M. se peut donner ce contentement : mais ie ne sçaurois me persuader qu'vne
personne de cette condition ait l'audace seulement de mesurer son corps à vostre ombre. Les
Trônes des Rois sont enuironnez d'esclairs qui
menacent de la foudre tous ceux qui s'en ap-
prochent.

## LA REINE.

La vanité aueugle tout le monde ; mais cét
aueuglement sera funeste pour elle.

# SCENE IV.

## ARTHENICE, ET AMELITE.

### AMELITE.

MA Fille, on tient que le Roy vous veut es-
pouser ; c'est à vous d'y penser , si vous
estes sage.

### ARTHENICE.

Madame , ie croy que la vraye sagesse consi-
ste à n'y penser iamais ; Comment puis-ie espou-
ser vn homme marié ?

### AMELITE.

Sa Maiesté en cherchera les moyens : ce ne
sont pas vos affaires.

### ARTHENICE.

Elle les peut chercher pour son contentement:
mais ie les dois trouuer pour mon interest.

AME-

## A M E L I T E.

Que craignez vous auec vn Sceptre à la main,
& vne Couronne fur la tefte? vn pouuoir abfolu
ne trouue iamais de refiftance.

## A R T H E N I C E.

Si la Tyrannie me fait regner, croyez vous
que mes delices foient de la mefure de mes grandeurs? Ie veux que la Fortune du monde foit en-
chainée à mes pieds; les foudres du Ciel ne laif-
feront pas de gronder fur ma tefte: eftes vous ia-
loufe de mon contentement?

## A M E L I T E.

La qualité de Reine fait repofer à leur aife les
plus inquietées.

## A R T H E N I C E.

L'efclat d'vn Trône ne rejalit iamais dans vn
cœur affligé.

## A M E L I T E.

Vous ne fçauez pas encore, ma Fille, le plaifir
qu'il y a de commander.

## A R T H E N I C E.

Ie ne puis pas le fçauoir, Madame, fi ie n'ay iamais appris qu'à vous obeïr.

### AMELITE.

Obeïssez moy donc, en suiuant le conseil que ie vous donne : il faut estre Reine à quelque prix que ce soit. Vous estes trop timide dans vn dessein si glorieux. A quoy vous sert la beauté, si le courage vous manque ?

### ARTHENICE.

Et à quoy me sert la grandeur, si le repos me défaut ?

### AMELITE.

Que vous faut-il pour estre heureuse ?

### ARTHENICE.

Vne Fortune proportionnée à ma condition.

### AMELITE.

Et si la Fortune mesme vous offre vne place sur son Trône, refusez vous cét honneur?

### ARTHENICE.

Ouy, puisque ie ne le merite pas.

### AMELITE.

Vous faites vn mauuais iugement de celuy du Roy.

#### ARTHENICE.

Le Roy ne me confidere qu'au trauers de
fon bandeau.

#### AMELITE.

Il vous eftimera beaucoup, s'il partage auec
vous fa puiffance abfoluë.

#### ARTHENICE.

I'aurois beau porter fon Sceptre à la main :
l'Authorité luy en demeurera toufiours, pour me
l'ofter à toute heure.

#### AMELITE.

Il faut penfer à l'acquerir, auant qu'apprehender de le perdre.

#### ARTHENICE.

Mais la penfée en eft inutile, & la crainte fort
iufte.

#### AMELITE.

Voulez vous demeurer au milieu de la carriere.

#### ARTHENICE.

Il faut bien que i'y demeure, fi la Honte & le
Repentir m'attendent au bout.

H ij

#### AMELITE.

Serez vous honteuſe de porter vne Couronne
ſur la teſte? Vous repentirez vous d'auoir vaincu ſans combat vos ennemis?

#### ARTHENICE.

Madame, ie me ſacrifieray pour voſtre contentement, puiſque vous le voulez, l'obeïſſance que
ie vous dois me ſeruira de conſolation dans mon
infortune.

#### AMELITE.

*Arthe-*
*nice de-*
*meure.*   Voicy la Reine qui vient; ie ne veux pas qu'elle me voye.

# SCENE V.

### LA REINE, ſuiuie de Cleonice.

#### LA REINE.

Rthenice, on m'a dit que vous pretendiez
à ma Couronne: voſtre Beauté trahira voſtre Ambition: l'Amour fait plus d'Eſclaues que
de Reines.

#### ARTHENICE.

Madame, V. M. m'accuſe d'vn crime que mes

penſées ne me reprocheront iamais : ma Beauté
& mon Ambition également moderées feront
toufiours d'accord enſemble ; & l'Amour a beau
donner des Couronnes ou des Chaines ; ie ne
pretens rien de luy.

### LA REINE.

Vous faites la fine ; ie ſçay que le Roy vous a
parlé fort long temps en ſecret.

### ARTHENICE.

Si le Roy m'a fait l'honneur de m'entretenir
en particulier , ma vertu n'auoit pas beſoin de
teſmoins ; l'authorité qu'il a, & le reſpeſt que ie
luy dòis, m'exempteront toufiours de reproche.

### LA REINE.

Vne Fille qui preſte ſouuent l'oreille, donne à
la fin ſon cœur.

### ARTHENICE.

L'Amour a beau me parler à l'oreille ; mon
cœur n'entend que le langage de la Raiſon.

### LA REINE.

L'amour des Rois eſt contagieuſe : ſi on n'aime leur perſonne , on aime leur grandeur ; &
dans cette paſſion en cherchant vn honneur ima-

ginaire, ou en perd vn veritable.

### ARTHENICE.

Madame, ie veux croire que l'Amour du Roy peut auoir beaucoup plus de charmes que celle d'vn autre : mais de l'humeur dont ie suis, i'apprehende plus les efforts de son authorité, que les pas de sa grandeur.

### LA REINE.

Vous deuez craindre toutes choses. Ne doutez point que le Roy n'employe tous ses artifices, pour vous deceuoir. Il vous fera mesme vne promesse de mariage si vous voulez. Mais representez vous qu'vn Amoureux escrit tout ce qu'on veut, & que dans son aueuglement il escrit si mal, qu'apres auoir recouuré la veuë, il ne reconnoist plus sa lettre.

### ARTHENICE.

Madame, dans la resolution où ie suis, de conseruer mon honneur auec plus de soin que ma vie, ma Mere me sert tousiours de conseil, & la Vertu de guide. Les promesses de mariage ne sont plus à la mode : les petites filles s'en moquent : les grandes s'en offencent, & les plus sages auiourd'huy mesprisent l'Amour, & fuyent les Amans.

## LA REINE.

Ie ne ſçay point à quoy vous eſtes deſtinée ;
mais ſi mon mal-heur & voſtre Fortune vous
eſleuent ſur mon Trône , ſouuenez vous que
vous occupez la place d'vne Reine qui en a eſté
precipitée iniuſtement; & que ſi l'Amour vous y
a fait monter auec éclat , la Iuſtice vous en peut
faire deſcendre auec ignominie.

## ARTHENICE.

Madame , ie prens le Ciel à teſmoin de l'innocence de mes deſirs : l'heureuſe condition où
ie ſuis , eſt mon Trône, mon Sceptre, & ma Couronne ; Et quand la Fortune dans ſon aueuglement me voudroit eſleuer ſur le plus haut de ſa
Roüe , ſon mouuement continuel m'en oſteroit
le deſir : i'ay borné mon Ambition dans les felicitez que ie poſſede.

## LA REINE.

Si la prudence ne marque le chemin que vous
deuez tenir dans la Fortune que vous courez;
voſtre perte eſt ineuitable : Ne ſçauez vous pas
que ie ſuis voſtre Reine ?

## ARTHENICE.

Il faut bien que ie ·le ſçache , Madame,

puiſque ie ſuis voſtre ſubiette.

### LA REINE.

Conſeruez cherement cette qualité, ſi vous ne voulez perdre tout à la fois l'honneur & la vie: ſi ie ne vous punis, le Ciel me vangera.

### ARTHENICE.

Elle parle ſeule.

Ie n'oubliray iamais le reſpect que ie dois à V.M. Que la jalouſie de cette Princeſſe eſt iuſte! que ſon mal-heur eſt grand! mais que mon imprudence eſt extréme, de ſuiure pas à pas ſes traces dans vn chemin qui me conduit au Tombeau; ô Dieu! pourquoy faut-il que la Fortune ſe ſerue des traits de mon viſage, pour bleſſer mon cœur à mort? Mais ne voy-ie pas celuy qui luy en a donné la premiere atteinte?

# SCENE VI.

### LE ROY.

ET bien, Arthenice, n'eſtes-vous pas heureuſe de vous voir à la veille de vos Nopcès?

### ARTHENICE.

Sire, quel bon-heur puis-ie trouuer dans les
infor-

infortunes d'autruy ? voſtre Maieſté me veut faire occuper la place d'vne Reine viuante , dont
l'innocence me rend deſia coupable deuant tous
vos ſubiets.

### LE ROY.

Ne puis-ie pas la repudier , & vous eſpouſer à
l'heure meſme?

### ARTHENICE.

Ie ſçay bien que voſtre Maieſté peut tout ce
qu'elle veut: mais elle ne doit rien deſirer quine
ſoit raiſonnable.

### LE ROY.

La Raiſon & l'Amour ne vont iamais enſemble.

### ARTHENICE.

Quelle eſtime puis-ie donc faire de l'affeſtion
que voſtre Maieſté a pour moy, ſi l'iniuſtice en
eſt le fondement?

### LE ROY.

Ne vous ſuffit - il pas d'eſtre Reine ? Ie vous
en offre & le Sceptre, & la Couronne.

### ARTHENICE.

Il me ſemble deſia que la main & la teſte me

tremblent également, en portant vn Sceptre &
vne Couronne qu'on vient d'ofter à la Vertu.
Ha ! Sire, permettez moy de les luy rendre, afin
que ie les merite.

## LE ROY.

Voftre generofité eft digne d'vne nouuelle
Couronne : Mais vous marchez trop lentement,
Arthenice , aux approches du Trône que ie
vous ay preparé.

## ARTHENICE.

Si voftre puiffance abfoluë ne m'y entraine,
ie n'auray iamais le courage d'y monter.

## LE ROY.

Ie vous y attireray auec les mefmes chaines
dont vous m'auez affubietty : que craignez vous?

## ARTHENICE.

Ie crains que ma Beauté fe paffe , & voftre
amour auec elle : ie crains que la Reine ne m'im-
mole à fon iufte reffentiment : ie crains d'allumer vn feu de diffention dans voftre Royaume,
qui ne fe puiffe efteindre que dans mes cendres.

## LE ROY.

Dites pluftoft que vous ne voulez pas eftre

Reine ; & ie vous respondray que ie le veux absolument. Mon amour durera tousiours : la Reine partira demain ; ie fay tout ce qu'il me plaist dans mon Royaume.

### ARTHENICE.

Ie ne sçaurois adresser mes vœux qu'à vostre Majesté , puisque le Ciel ne se mesle point de ma Fortune. Vostre puissance l'establit : vostre bonté la conseruera.

### LE ROY.

Mes Interests ne different plus des vostres : mon bon-heur desormais sera vostre felicité.

## Fin du troisiesme Acte.

# THOMAS MORVS,

# ACTE IV.

## SCENE PREMIERE.

LE ROY, fuiuy de Thomas Morus fon Chancelier, de Polexandre fon Fauory, de Lidamas, de Polemon, & de Cleante fes Confeillers.

LE ROY affis dans fon Trône.

E vous ay fait affembler ; mais que veut la Reyne.

LA REYNE.



Ie viens implorer voftre Iuftice dans le mefme lieu, où vous auez fait ferment de la rendre à tout le monde. Le Parlement eft affemblé : Ie le prends pour mon Iuge, & ne veux point d'autre Aduocat que ma confcience : la verité eft affez eloquente pour fouftenir les interefts de la vertu. Voftre Majefté me veut repudier ; qu'elle en die le fujet, puis que i'en dois fouffrir la peine. L'amour qu'elle a pour Arthenice me peut bien rendre malheureufe, mais nos pas criminelle ; Et fi ie fuis innocente dans mon malheur, veut elle adjoufter l'exil à mes infortunes pour fe couurir de honte & me combler

d'ennuis? Qu'on ne confidere point ma condition.
Ie me foubfmets à la rigueur de la Loy; Mais fi ie
luy laiffe l'autorité de me condamner, il n'eft pas
jufte qu'on la luy ofte pour m'abfoudre.

### LE ROY.

La raifon du diuorce qui fe fait dans les maria-
ges doit eftre toufiours cachée pour l'honneur des
intereffez voftre crime domeftique m'ofte la liberté
de le publier. Ie le cognois, & reffens déja la peine
qui vous eft impofee par le regret qui m'en demeure. L'affection que j'ay pour Arthenice ne fait point
voftre malheur ni voftre crime. Ie l'aime parce
qu'elle eft vertueufe, & ie vous repudie parce que
vous eftes coupable. De plaider la caufe de mon
reffentiment deuant mes fujets, ie leur ferois pitié,
& ils ne fçauroient me faire iuftice. Ce qui me
contraint dans l'extremite ou ie me treuue, a me
feruir de ma puiffance pour venger mon honneur.

### LA REYNE.

Si i'ay interreffe voftre honneur, vous faites affez
connoiftre mon crime; mais où font les tefmoins,
ie ne voy que des Iuges.

### LE ROY.

Il me fuffit d'auoir eu la honte de vous accufer,
ie veux euiter celle de vous conuaincre.

### LA REYNE.

Il eft vray que la honte vous demeure de m'accufer injuftement; mais le pouuoir vous deffaut de

# THOMAS MORVS,

me conuaincre dans mon innocence.

LE ROY.

I'aurois mauuaiſe grace de iuſtifier le ſoubçon d'v-
ne verité qui me doit rendre le plus malheureux
Prince de la terre.

LA REYNE.

Mais en la voulant cacher, vous faites connoiſtre voſtre tyrannie, puis que vous me puniſſez ſen-
ſiblement d'vne faute imaginaire.

LE ROY.

Vous me voudriez perſuader que i'ay ſongé voſtre crime.

LA REYNE.

Il faut bien que ce ſoit vn ſonge ; ſi ce n'a iamais eſté ma penſee.

LE ROY.

La confeſſion que vous en ferez, vous peut-eſtre
fort vtile.

LA REYNE.

Elle vous feroit bien plus agreable encore: mais
ma bouche ne ſçauroit accuſer mon cœur dans
l'innocence où ie me trouue.

LE ROY.

Le temps fera voſtre Iuge.

LA REYNE.

Et le Ciel voſtre Partie.

LE ROY.

Il faut que ie me vange, puis que mon deuoir
my contraint.

**LA REYNE.**

Dittes pluſtoſt qu'il faut que ie meure, puis qu'Arthenice le veut.

**LE ROY.**

Ie vous laiſſe la vie.

**LA REYNE.**

Que voulez vous que i'en face, apres m'auoir
oſté l'honneur.

**LE ROY.**

Pleurez à loiſir voſtre faute.

**LA REYNE.**

Ie pleureray pluſtoſt voſtre malheur.

**LE ROY.**

Si ma condition vous fait pitié; elle donne de
l'enuie à tout le monde.

**LA REYNE.**

Qui pourroit enuier voſtre aueuglement. Vous
voulez changer de religion ſans ſujet, me repudier
ſans crime, & immoller encore vn nombre infini
d'innocens à voſtre nouuelle paſſion pour en éta-
blir le Regne; ſont-ce les moyens dont vous vous
ſeruez à faire des jaloux de voſtre fortune.

**LE ROY.**

Mon pouuoir abſolu me rend iuge Souuerain
de vos actions, ie ne releue que de moy meſme. Reti-
rez vous Madame: Vous ſçaurez bien-toſt ma derniere volonté.

† iij

## THOMAS MORVS,
### LA REYNE.

Monſieur le Chancelier, faites iuſtice à mon innocence, puis que vous portez encore la balance à la
main. Vous voyez vne pauure Princeſſe, eſloignée
de ſon païs, abandonnée de ſes parens, & chargée
d'orphelins, puis que ſes enfans ſont honteux de
l'appeller leur Mere, eſtant repudiée de leur Pere.
Sauuez, ſauuez donc mon honneur en conſeruant
le voſtre, & ne permettez pas qu'on reproche vn
iour à voſtre memoire d'auoir manqué de courage
dans les rencontres de ſouſtenir ma vertu ; que ſi la
force l'emporte par deſſus la raiſon, mourez dans
voſtre deuoir, ie ſuiuray voſtre exemple.

*Elle s'en va.*

### LE ROY.

On ne doit pas prendre gardre aux diſcours d'v-
ne femme irritée, ſa faute, ſa jalouſie & ſon mal-
heur l'ont contrainte à ſe plaindre ſi haut. Elle eſt
coupable, & ſujette ; & ie ſuis intereſſé & voſtre.
Roy. Ie vous ay donc fait aſſembler, pour vous
dire la reſolution que i'ay priſe de changer de Religion, en repudiant la Reine. Ie ne puis vous en
apprendre le ſujet ; & ce ſont des ſecrets dont l'importance vous deffend la curioſité. Vous connoiſ-
ſez mes volontez ; faites moy voir voſtre obeïſſance.

## THOMAS MORVS.

Sire, puiſque mon honneur & ma conſcience ne releuent point de voſtre Maieſté, encor que ie ſois né ſon ſubiet, ie prens la liberté de luy repreſenter qu'on ne peut approuuer la reſolution qu'elle a priſe de changer de Religion , en repudiant la Reine ſon Eſpouſe , ſans violer les Loix ſacrées, que le Ciel & la Nature nous ont impoſées dés le berçeau. Si les Rois ſont les Images de Dieu, ces ombres ne peuuent ſubſiſter que par leurs corps. Voſtre Majeſté veut effacer l'Original dont elle eſt le Portrait. Que fera-t'elle de ſon Empire , ſi elle n'a plus de ſubiets ? Et où trouuera-t'elle des ſubiets, ſi elle n'a plus de Religion ? Son Trône n'a point d'autre fondement que celuy de ſes Temples ; & de la meſme main qu'elle en ruinera les Autels, elle s'arrachera la Couronne de la teſte. Hé quoy ! Sire , dix Siecles auront affermy de mille années les Trônes de vos Ayeulx ; & vos paſſions les détruiront en vn moment , pour vous en laiſſer vne repentance eternelle ? Que ſçauroit-on adiouſter à ce mal-heur ?

## LEROY.

Si ie change auiourd'huy de Religion, la connoiſſance que i'ay de la Verité m'en donne la penſée, & m'en fait executer le deſſein. Dans vne action de cette importance , où il y va du ſalut de mon Ame , auſſi bien que de la conſeruation de mes Eſtats , la Prudence me ſert de Conſeil

# THOMAS MORVS,

pluftoft que l'amour. Ie fay ce que ie doy : mon Authorité cede à ma Iuftice, & ma Puiffance à la Raifon.

## THOMAS MORVS.

Quelle Iuftice & quelle Raifon peut trouuer Voftre Maiefté dans la ruine de fon Honneur, & dans la perte de fon Empire? Son Efprit la deçoit, fon Iugement la trahit, & fa Paffion l'aueugle : fa cheute ne peut eftre que mortelle, fa faute irreparable, & fon repentir inutile.

## LE ROY.

Puifque ie fuis vn des Dieux de la Terre, i'y vœux regner abfolument felon mon humeur, pluftoft que felon vos confeils.

## THMAS MORVS.

Si les Rois font les Dieux d'icy bas, ils ne doiuent rien faire qui leur puiffe eftre reproché par les Hommes. Quand la Tyrannie regne auec eux, ils perdent le tiltre de Souuerains, & fe rendent fubiets à tout le monde, par le pouuoir qu'eux mefmes luy donnent de les blâmer iuftement.

## LE ROY.

Celuy qui fait les Loix les peut changer
quand

quand il luy plaiſt. Doutez vous de ma Puiſſance?

THOMAS MORVS.

Non , mais i'en connois les limites.

LE ROY.

Qui peut borner mon authorité ſur la Terre?

THOMAS MORVS.

Le Ciel.

LE ROY.

Le Ciel m'a donné vn Sceptre auſſi redoutable que ſes foudres.

THOMAS MORVS.

Mais leurs flames vangereſſes reduiſent en
cendre la main qui le porte indignement.

LE ROY.

Quel crime ay-ie commis , pour apprehender
cette punition?

THOMAS MORVS.

Voſtre conſcience vous l'a deſia dit en ſecret:
il n'eſt pas beſoin que ie le publie.

### LE ROY.

Parlez, parlez hardiment.

### THOMAS MORVS.

La force me manque pluſtoſt que le courage, pour exprimer l'horreur d'vn crime où Dieu ſeul eſt le plus offencé, & dont tous vos Subiets doiuent partager la peine.

### LE ROY.

Vous ſerez le premier puny , comme le premier coupable. Ie veux que vous voyez mon Authorité dans ſon Trône à voſtre confuſion.

### THOMAS MORVS.

Ie verray pluſtoſt vos mal-heurs dans leur comble à voſtre dommage.

### LE ROY.

Ie ſeray aſſez heureux, ſi ie me voy vangé de voſtre Rebellion, en vous immolant à ma iuſte colere.

### THOMAS MORVS.

Ce Sacrifice ne me ſera point deſagreable, puis que Dieu m'en prepare l'Autel. Ie ſouhaitterois ſeulement que voſtre vangeance ſe peuſt deſalterer dans mon ſang ; & que le feu de vos nouuel-

les

les paſſions s'amortiſt dans mes cendres , pour euiter la mort d'vn nombre infiny d'Innocens, qui ſont à la veille de leurs funerailles. Ha! Sire , puiſque la Iuſtice & la Clemence ont commencé de regner auec voſtre Maieſté , faites qu'elles meſmes couronnent ſon Regne. Les Rois ne viuent icy bas que pour autruy : ce ſont de nouueaux Aſtres que Dieu attache au Ciel de leur Trône , pour eſclairer les Eſprits de la lumiere de leur exemple ; de meſme que celuy du monde illumine les corps par l'eſclat de ſes rayons. Si voſtre Maieſté s'éclipſe de nos yeux, les tenebres ſeront eternelles dans ſon Empire, auſſi bien que dans ſon Ame , faiſant renaiſtre le Chaos de ſa confuſion. Voudroit-elle couurir de ſa propre honte l'eſclat de ces belles veritez qu'elle a eſcrites de ſa main en faueur de l'Egliſe? Ses dernieres actions démentiroient-elles ſes premieres penſées? Sa bouche aura publié ſa gloire, & ſon cœur s'en repentira ? Elle aura, dis ie, donné & ſes ſoins & ſes veilles à ſa deffence, & elle employera auiourd'huy & ſon Authorité, & ſon pouuoir à la ruiner ? Ha ! Sire , que voſtre Maieſté ſoit jalouſe de ſa propre renommée , conſeruant dans ſon éclat celle de ſes Ayeux. La Pieté a baſty leurs tombeaux, pour en exempter & leurs Noms & leur Memoire : Voulez vous que l'Hereſie erige le voſtre, & qu'elle y enſeue-

liſſe eternellement toutes les belles actions de
voſtre vie. O Dieu de nos Autels ! dont l'Image
eſt encore grauée ſur la porte de nos Temples,
emouſſe la pointe de l'eſpée que tu as donnée à
ce grand Monarque, s'il s'en veut ſeruir contre
luy meſme, en la mettant à la main contre toy.
Que 's'il eſt Aueugle, romps ſon bandeau auec
la lumiere de tes Eſclairs ; & s'il eſt ſourd, fais
luy recouurer l'oüye au bruit de tes Foudres :
Mais, Seigneur, eſteins-en les flames dans l'eau de
mes pleurs. Que s'il faut vne Victime à ta Iuſtice, en expiation de nos pechez, que ie ſois ſeul
ſacrifié, pour ſauuer tout le reſte du peuple : ce
ſont les derniers vœux que i'adreſſe à ta bonté.

### LE ROY.

Ie n'ay pas beſoin de conſeil ny de prieres en
l'eſtat où ie ſuis. Ne faites des vœux que pour
voſtre ſalut, puiſque voſtre perte eſt infaillible.
Qu'on le meine en priſon : ie vous condamne déja à vn eternel ſilence, pour auoir trop parlé.

### THOMAS MORVS.

Ie ſuis bien aiſe de deuenir muet, apres auoir
dit la verité : ce chaſtiment me ſeruira de recompenſe.

**LE ROY.**

Ie mettray ce perfide à la raifon, ou il luy en
couftera la vie.

**POLEXANDRE.**

Sire, Dieu fe fait voir fi clairement dans la
Maiefté des Rois, que l'on ne fçauroit douter
de fa Diuinité. Ils ont auec eux & des Efclairs
& des foudres, puis que leurs regards & leurs
paroles leur en peuuent produire à toute heure.
Que fi l'on confidere encore leur Authorité fou-
ueraine, & leur pouuoir abfolu, l'on admirera de
nouueau cette puiffante Diuinité dont ils font
eux mefmes les images; & voila, Sire, les veritez
qui nous déuoilent auiourd'huy l'Efprit, qui ef-
chauffent nos volontez, & qui nous donnent
les fentimens d'vne obeïffance aueugle, pour fu-
bir auec toute forte de refpect les Loix que voftre Maiefté nous impofe.

**LIDAMAS.**

Sire, il eft vray que la Religion de nos Peres,
& dans laquelle nous auons efté heureufement
inftruits & efleuez, fait la plus noble partie de
nous mefmes, comme eftant le fondement de
noftre falut; & que de nous vouloir arracher du
cœur ces fentimens de Pieté que nous auons pour

la veneration de nos Autels & de nos Temples,
c'est nous faire changer tout à coup & d'element
& de vie. Mais quand nous considerons aussi,
que vostre Maiesté également interessée, & à
nostre salut, & à nostre perte, subit la premiere
les Loix qu'elle nous impose, nous deuons obeïr,
& nous taire auec d'autant plus de raison , que
son esprit esclairé d'vne lumiere extraordinaire,
ne luy peut fournir que des pensées dignes de
loüange plustost que de reproche.

### POLEMON.

Sire, lors que Dieu a estably sur la Terre le Trône des Rois, il leur a donné l'authorité & la do-
mination en partage: ce qui les rend auiourd'huy
si absolus, que leurs volontez passent pour Loix,
leur raison pour Iustice , & leur exemple pour
vn precepte de Vertu; de sorte qu'estans nez subiets de vostre Maiesté, ses seuls commandemens
doiuent estre nos raisons, & autant de preceptes
pour nous obliger également à luy obeïr auec
toute sorte de respect.

### CLEANTE.

Il est vray, Sire, que Dieu a écrit dans nos cœurs
& de sa Main & de son Sang les Loix de nostre
Religion : Mais vous ayant donné aussi auec ce
tiltre de Maiesté le Caractere de grand Prestre,

pour nous introduire dans ſes Temples, & nous interpreter ſes Oracles; la lumiere qui l'enuironne, & l'aueuglement qui nous ſuit, nous obligent à ſubir les nouuelles Loix qu'elle nous impoſe, ſans murmurer, & ſans nous plaindre.

## LE ROY.

C'eſt de cette ſorte que les fidels Subiets doiuent parler à leur Prince. Ie m'eſtime heureux dans l'extremité où ie me voy reduit, d'auoir trouué des iugemens ſi ſolides que les voſtres pour approuuer mes actions; quoy que mon Authorité abſoluë les exempte de reproche. Ie repudie mon Eſpouſe, apres auoir changé de Religion, puiſque Rome s'oppoſe à mes ſecondes Nopces. Ce n'eſt pas que ma paſſion m'ait inſtruit dans ma nouuelle creance. La verité m'en a donné les leçons; & il vous ſuffit que mon exemple vous les apprenne : vous ne ſçauriez faillir en m'imitant. Que ſi quelque nouueau Politique fait le rebelle, i'ay des priſons, des fers, & des geſnes, pour le punir, & pour me vanger.

# SCENE II.

## LA REINE, ET CLEONICE.

### LA REINE.

IL eſt temps, chere Couſine, de partir de ce monde en partant de ces lieux, puiſque i'y laiſſe mon honneur, qui m'eſt beaucoup plus cher que la vie. Ie me rends à cette derniere atteinte de mal-heur.

### CLEONICE.

Madame, la rigueur qu'exerce le Roy contre V. M. publie hautement qu'elle eſt innocente. Quittons ces lieux ſans regret, puis qu'ils ne nous ont iamais produit que des eſpines.

### LA REINE.

l'ay beau les quitter ; i'emporte ces eſpines dans mon cœur: mais pour ma conſolation leur piqueure eſt mortelle. Tournons viſage du coſté du Tombeau, ce funeſte Meſſager m'en repreſente l'Image.

# SCENE III.

### LE CAPITAINE des Gardes.

Adame, le Roy m'a commandé de donner cette Lettre à vostre Maiesté.

### LA REINE, prenant la Lettre.

Ie ne sçay ce qu'elle contient : la main me tremble, & mon cœur en fremit. Mais que dois-ie craindre, n'ayant plus rien à esperer.

### LETTRE DV ROY.

### Madame,

*Il est necessaire pour mon repos, que vous vous esloigniez de moy. Vostre absence est l'vnique remede du mal dont ie suis atteint. Tout est prest pour vostre départ. La Nauire vous attend. Le vent est fauorable, & celle-cy vous fait mes adieux. Souuenez vous que vous estes ma Subiette, & que ie suis vostre Roy.*

### LA REINE, relisant la Lettre.

*Il est necessaire pour mon repos, que vous vous esloigniez de moy;* Et où iray-ie, si ie ne sçay point

d'autre chemin que celuy qui me conduit à la Mort ? *Tout eſt preſt pour voſtre départ.* Ie le ſens bien : mes afflictions ſont les preparatifs de mes funerailles : *la Nauire m'attend ;* ie n'ay beſoin que d'vne Biere : *le vent eſt fauorable :* celuy de mes ſoupirs me conduira au Port que ie deſire; *celle-cy vous fait mes adieux.* Adieu donc le plus cruel des hommes, & le plus aimé qui fuſt iamais : *Souuenez vous que vous eſtes ma Subiette.* Ie l'ay eſté, il eſt vray, & ie la ſuis encore : mais c'eſt par amour, auſſi bien que par deuoir ; *Et que ie ſuis voſtre Roy :* Vous me le faites bien connoiſtre, vous ſeruant de voſtre pouuoir abſolu, pour me rendre la plus miſerable Princeſſe du monde. O Dieu ! en quel eſtat me vois ie reduite ? Vn excés de cruauté m'oblige à vous demander Iuſtice ; & à meſme temps vn excés d'Amour me contraint d'implorer voſtre Bonté. Mes ſoupirs voudroient allumer vos foudres, pour me vanger, & mes larmes les voudroient eſteindre pour me ſatisfaire. Faut-il que ie puniſſe la moitié de moy-meſme, pour mettre l'autre en repos ? Il eſt vray, ie ſouffre beaucoup : mais i'aime extrémement : & pour vn ſurcroiſt de mal-heur, celuy qui m'arrache le cœur, le poſſede tout entier ; & en l'arrachant meſme peu à peu, ſes derniers ſoupirs ſont tout de feu pluſtoſt que de glace. Tellement qu'encore que la douleur emporte la victoire

ctoire, il faut de necessité que ie me rende à l'A-
mour.

### LE CAPITAINE des Gardes.

Madame, le Roy m'a commandé de vous dire
qu'il falloit partir promptement.

### LA REINE.

Ma douleur me presse plus que vous. Puis
qu'on m'oste la liberté de viure, ne me donnera-
t'on pas le loisir de mourir? Allons, chere Cousine, allons esprouuer si la mer nous sera plus fauorable que la terre.

### LE CAPITAINE des Gardes.

Que l'affliction de cette Princesse me touche
viuement! Mais quoy! la prudence me doit rendre muet, aussi bien que le deuoir de ma charge.
Les actions des Rois sont au dessus de la cen-
sure : ce qui leur plaist est tousiours raisonna-
ble.

L

# SCENE IV.

### CLORIMENE, Fille vnique de Thomas Morus.

EN quel eſtat me voy-ie reduitte auiour-d'huy? Toutes mes eſperances ſont capti-ues dans la meſme priſon où mon Pere eſt enfer-mé. Que s'il n'en ſort iamais que par la porte du Tombeau, puis-ie ſans me flatter voir la fin de mes maux qu'auec celle de ma vie? Il faut que ie me donne cette foible conſolation, de luy repre-ſenter la verité de mes miſeres, pour le toucher de pitié, puis qu'il eſt inſenſible à l'amour; Mais il paroiſt à la grille de la priſon; ſi ie ne me trom-pe c'eſt luy meſme.

### THOMAS MORVS.

Qui vous ameine icy, ma Fille? Eſtes vous venuë pour me conſoler? Ie n'ay pas beſoin de cette ſorte de remede.

### CLORIMENE.

Monſieur, ie viens pour m'acquitter de ce que ie vous dois; & pour vous teſmoigner la part que ie prens à voftre infortune.

### THOMAS MORVS.

Croyez vous que ie fois mal-heureux ?

### CLORIMENE.

Voftre prifon eft trop funefte , pour me per-
fuader autre chofe.

### THOMAS MORVS.

N'auez vous iamais vû des Innocens cap-
tifs ?

### CLORIMENE.

Ie ne doute point de voftre innocence , mais
voftre captiuité m'afflige.

### THOMAS MORVS.

Pourquoy vous affligez vous de mon bon-
heur? ma prifon eft digne d'enuie.

### CLORIMENE.

Si faut-il en fortir , Monfieur à quelque prix
que ce foit. Le Roy y confent : vos amis le defi-
rent, & voftre pauure Fille que voicy abandonnée de tout le monde, vous en fupplie tres-humblement; mais d'vne priere toute de foupirs & de
larmes.

## THOMAS MORVS.

Que ie sorte de prison , dites-vous, ma fille, à quelque prix que ce soit ! Le Roy a beau le per-mettre : ma conscience me le deffend : si mes amis le desirent, mon deuoir ne veut pas que ie l'espe-re. En fin vous m'en priez, mais Dieu me commande de reietter vos prieres , & d'estre sourd à vos plaintes, aussi bien qu'aueugle à vos larmes.

## CLORIMENE.

Monsieur , si vous considerez le déplorable estat où vostre infortune m'a desia reduite , vous aurez plus de pieté que de raison.

## THOMAS MORVS.

La Vertu n'est iamais mal-heureuse : que craignez vous auec elle ?

## CLORIMENE.

I'apprehende de vous perdre.

## THOMAS MORVS.

Dans le port où ie suis , il n'y a point de peril de naufrage.

## CLORIMENE.

Si preuoy-ie pourtant que la Mort sera vo-stre escueil.

### THOMAS MORVS.

Cette preuoyance me menace d'vn bon-heur,
qui me fait foufpirer d'impatience en fon attente.

### CLORIMENE.

Mais vous ne confiderez pas, Monfieur, qu'en
mourant vous m'entrainez dans la fepulture.

### THOMAS MORVS.

Ne feriez vous pas heureufe de mourir pour la
gloire du Ciel, auec celuy qui vous a fait naiftre?

### CLORIMENE.

Il y a plus d'infamie que de gloire à mourir de
la main d'vn Bourreau.

### THOMAS MORVS.

Mon Sauueur m'en a ofté la honte ; ie n'en auray que de l'honneur.

### CLORIMENE.

Mais pourquoy voulez vous coniurer auec voftre ruine celle de tout ce que vous aimez au
monde? Sauuez voftre Fille comme Pere, puis
que la Nature & la Raifon vous y obligent également.

### THOMAS MORVS.

Ie ne veux songer qu'à sauuer mon Ame: Dieu aura soin de vous.

### CLORIMENE.

Où est cette grande amour que vous m'auez tousiours tesmoignée ? Me voulez vous laisser pour heritage, les mal-heurs & les miseres qui vous suiuront dans le Tombeau ?

### THOMAS MORVS.

Ie vous aime plus que iamais ; & pour vne nouuelle preuue de mon amour, ie vous laisse l'exemple de ma constance, mourant fidelle à Dieu : C'est le plus riche Tresor que ie vous puis donner.

### CLORIMENE.

Ha ! mon Pere, que voulez vous que ie deuienne ?

### THOMAS MORVS.

Ha ! ma Fille, que voulez vous que ie fasse ?

### CLORIMENE.

Laissez vous toucher à l'excés de mes infortunes.

THOMAS MORVS.

Ouurez les yeux à l'esclat de mes felicitez.

CLORIMENE.

Ie ne sçaurois les ouurir qu'à mes larmes.

THOMAS MORVS.

Pleurez donc de la ioye de mon trépas.

CLORIMENE.

I'en pleureray de regret ; mais auec des larmes
de sang, pour celebrer plus dignement vos funerailles.

THOMAS MORVS.

Estes-vous ialouse de ma gloire ?

CLORIMENE.

Estes-vous ennemy de mon bon-heur ?

THOMAS MORVS.

Quel bon-heur esperez vous icy bas, où tous
les biens sont faux, & les maux veritables ?

CLORIMENE.

Quel auantage attendez vous de vostre mort,
si la honte & l'infamie vous en preparent le
supplice ?

#### THOMAS MORVS.

Il faut vouloir ce que Dieu veut.

#### CLORIMENE.

Que ne veut-il que ie meure ?

#### THOMAS MORVS.

Il n'est pas temps.

#### CLORIMENE.

Les mal-heureux sont tousiours prests.

#### THOMAS MORVS.

Vous n'estes pas de ce nombre.

#### CLORIMENE.

Si ie n'en suis auiourd'huy , vous m'en ferez demain.

#### THOMAS MORVS.

Et apres demain aussi Dieu peut sonner vostre retraite.

#### CLORIMENE.

C'est vous mesme qui la faites sonner , puis que vous vous en allez.

THOMAS MORVS.

Le Ciel m'appelle.

CLORIMENE.

Le monde me chasse.

THOMAS MORVS.

Prenez patience.

CLORIMENE.

Vous me l'ostez.

THOMAS MORVS.

Ie souffre constamment nostre separation.

CLORIMENE.

Dieu vous en donne la force, & la Nature m'en oste le courage.

THOMAS MORVS.

Consolez vous , ma Fille.

CLORIMENE.

Ne m'affligez plus, mon Pere.

THOMAS MORVS.

Comment vous puis-ie affliger dans l'heureuse

condition où ie fuis?

### CLORIMENE.

Et comment me puis-ie confoler dans le miferable eftat où ie me treuue?

### THOMAS MORVS.

Dieu ne vous abandonnera iamais; que pouuez vous craindre?

### CLORIMENE.

Et fi vous m'abandonnez vous mefme, que
dois-ie efperer?

### THOMAS MORVS.

Ie vous feray plus vtile au Ciel qu'en la Terre : pourquoy ne voulez-vous pas que ie m'en
aille?

### CLORIMENE.

Vous m'eftes neceffaire en tous lieux ; pourquoy me voulez vous quitter?

### THOMAS MORVS.

I'y fuis forcé, ma Fille, adieu, viuez heureufe, puifque ie meurs content.

## CLORIMENE.

Que ie viue heureuſe dans la preſſe de vos mal-heurs ! que ie viue heureuſe à la veille de vos funerailles ! Non, non, cher Pere, puiſque mes veines ne ſont remplies que de voſtre ſang; ie le reſpandray glorieuſement, afin que les ruiſſeaux ſe ioignent à leur ſource.

## Fin du quatrieſme Acte.

# ACTE V.

## SCENE PREMIERE.

### LE ROY, ET LA REINE.

### LE ROY.

Adame, vous voila Reine fans dif-
pute. La Iuſtice vous a donné ſa voix
auſſi bien que l'Amour ; & vous enten-
driez deſia les cris d'allegreſſe de tous nos ſubiets enſemble, ſi par vn excés de ioye, elle meſme ne les rédoit muets. Ne croyez pas que voſtre
Beauté ſoit le ſeul obiet de mon Amour : voſtre
Vertu en a fait les plus fortes chaines : Ce qui
vous doit perſuader que le Temps ny la Mort ne
les rompront iamais.

### ARTHENICE.

Monſieur , voſtre bonté me comble auiour-
d'huy de tant de faueurs, & de tant de gloire, que

la voix me défaut pour luy tefmoigner le iufte
reffentiment qui m'en demeure. I'eftois fi petite,
& elle m'a fait fi grande, que ie me mefconnoi-
ftrois moy mefme, fi ie ne portois toufiours auec
la qualité de Reine, celle de voftre Subiette. Ma
Fortune eftoit fi baffe, & vous l'auez fi haut efle-
uée; que fon éclat m'éblioüiroit, fi ie ne defcen-
dois fouuent de mon Trofne dans mon imagi-
nation & dans ma penfée, pour me ietter à vos
pieds, en reconnoiffance de tant de graces.

### LE ROY.

Ie veux eftablir ma puiffance fur les ruines de
mes fubiets reuoltez. Toutefois il eft temps, Madame, que i'ofte le Sceptre à la Iuftice, pour le donner à l'Amour, puis qu'il commence auiourd'huy
fon Regne. Vos douceurs defarment ma colere, & vos graces fe communiquent aux plus cri-
minels. Gouftons en paix toutes fes delices ; &
allumant mille feux de ioye de ceux de noftre
Amour, embrafons tous nos fubiets de cette di-
uine flame, pour en attendre les tributs & les
hommages qu'ils nous doiuent.

### ARTHENICE.

Sire, ie m'en vay me preparer à receuoir les
honneurs dont V. M. me veut combler auiour-
d'huy : c'eft vn bien qui furpaffe mon attente.

### LE ROY.

Mais fi faut-il arracher le dernier foucy de ma
Couronne , & mettre à la raifon ce Chancelier.
Monfieur le Duc, allez apprendre fa derniere re-
folution.

### LE DVC de Sofoc.

Sire, V. M. verra bien toft les effects de mon
obeïffance.

# SCENE II.

### CLORIMENE à genoux deuant le Roy.

SIRE, voicy vne pauure Fille qui n'eftant plus
connuë que par fes mal-heurs, fupplie tres-
humblement V. M. d'en terminer le cours, en donnant la vie à fon Pere.

### LE ROY.

Vous demandez la grace d'vn criminel qui
cherche fa gloire dans fon crime, & qui tiendroit
fon repentir pour vn fupplice.

## CLORIMENE.

Sire, voftre bonté , fes feruices, & mes mife-
res font autant de raifons qui follicitent voftre
Maiefté de le fauuer , quoy qu'il foit refolu à fe
perdre.

## LE ROY.

Qu'il viue , & qu'il obeïffe.

## CLORIMENE.

Puifque fa defobeïffance ne fçauroit retarder
d'vn feul moment les contentemens de V. M.
permettez luy de viure dans la foy qu'il a tou-
jours profeffée. Si fa Religion fait fon crime, où
trouuerez vous des Innocens ?

## LE ROY.

Ie ne veux point qu'vn fubiet me faffe la loy:
il doit fe refoudre promptement ou à la mort,
ou à l'obeïffance.

## CLORIMENE.

Ha! que cét Arreft me femble cruel, V.M. n'en
condamne qu'vn à la mort, & il en fera mourir
deux ? Comment peut-on fauuer la Fille, fi l'on
veut perdre le Pere?

### LE ROY.

C'eſt luy meſme qui court à ſa perte : ſes diſcours & ſes actions ſont ſes teſmoins & ſes
Iuges.

### CLORIMENE.

Ha ! Sire, conſiderez ſa vieilleſſe: n'oubliez pas
ſa fidelité, & iettez les yeux ſur mon mal-heur,
comme vn obiet de pitié , pluſtoſt que de Iuſtice. Ie veux croire auec V. M. que mon Pere eſt
coupable : mais c'eſt d'vn crime dont le temps
ſeul le peut faire repentir, puiſque voſtre exemple luy ſeruira de leçon pour l'inſtruire.

### LE ROY.

Il ſuffit qu'il connoiſſe mes volontez, pour confeſſer ſa faute : vn ſubiet rebelle eſt digne de mort:
qu'on ne m'en parle plus : I'auray ſoin de voſtre
Fortune.

Il s'en va.

### CLORIMENE ſeule.

Quelle fortune dois ie eſperer dans le comble de mes miſeres ? Croit-il que i'aye le cœur
ſi laſche , de mandier ſes faueurs apres m'a-
uoir refuſé la grace de mon Pere ? Non, non, ie

Elle s'en va.

luy

luy tefmoigneray que ie fçay mourir genereufement, quand il n'eft plus temps de viure.

# SCENE III.

## LE DVC de Sofoc.

Eolier , fais moy parler au Chancelier; ie
viens de la part du Roy. Ie pleins le mal-
heur de ce Vieillard: Mais quoy qu'il foit digne
d'enuie, ie ne fuiuray iamais fon exemple.

*Il continuë de parler, voyant Thomas Morus au
trauers de la grille de fa prifon.*

Monfieur, le Roy m'a commandé de venir
apprendre de voftre bouche vôtre derniere volonté , touchant l'Edict qu'il a fait , que tous
fes fubiets euffent à changer de Religion , fur
peine de la vie.

### THOMAS MORVS.

Monfieur , apres auoir fait connoiftre au Roy
ma derniere refolution fur ce fujet, ie n'ay plus
rien à dire.

N

### LE DVC.

Sa Maiesté vous a voulu laiffer le temps de confiderer voftre faute, pour en donner la grace à vôtre repentir.

### THOMAS MORVS.

Mon innocence n'a pas befoin de grace ; ie ne fçaurois me repentir d'auoir bien fait.

### LE DVC.

N'eftes vous pas coupable du crime de leze Maiefté, en defobeïffant à vôtre Prince?

### THOMAS MORVS.

Ie ne fuis fon fubiet que iufques au pied de l'Autel.

### LE DVC.

Les regles de fa Puiffance ne fouffrent point d'exception.

### THOMAS MORVS.

Les Loix de la Religion ne peuuent iamais eftre violées.

### LE DVC.

Les exemples des Rois font des excufes legitimes.

## THOMAS MORVS.

Ie ne faudray iamais par exemple.

## LE DVC.

Qu'esperez vous de voftre opiniaftreté?

## THOMAS MORVS.

La gloire de mourir genereufement en faueur de ma confcience.

## LE DVC.

La mort d'vn Subiet rebelle eft accompagnée d'infamie.

## THOMAS MORVS.

Ma rebellion eft digne de loüange, pluftoft que de reproche; ie ne combats que pour la Foy.

## LE DVC.

Mais vous ne iugez pas qu'en ce combat voftre deffaite eft infaillible.

## THOMAS MORVS.

Et vous ne confiderez point qu'eftant vaincu de la forte, ie triomphe glorieufement.

### LE DVC.

Ce font des maximes de Cloiftre : les fages
Politiques en vfent autrement.

### THOMAS MORVS.

Le Ciel eft mon efcole plutoft que la Terre :
ie ne changeray iamais de leçon.

### LE DVC.

Il ne s'agit en cette affaire que de vos interefts;
vous y deuez fonger, puis qu'il y va de vôtre
vie.

### THOMAS MORVS.

Le dommage en eft bien petit dans l'âge où ie
fuis? fi i'ay à craindre quelque chofe, ce font les iugemens de Dieu, plutoft que ceux des hommes.

### LE DVC.

La Nature nous a donné des fentimens d'a-
mour pour nous mefmes, que la Raifon ne fçauroit détruire.

### THOMAS MORVS.

Vous voyez aufli que ie m'aime extrémement, puifque i'abandonne mon corps pour le
falut de mon Ame.

### LE DVC.

Que penſez vous faire, Monſieur?

### THOMAS MORVS.

Mon deuoir.

### LE DVC.

Quel chemin tenez vous ?

### THOMAS MORVS.

Le plus ſeur.

### LE DVC.

A quoy eſtes vous reſolu.

### THOMAS MORVS.

A ce que Dieu voudra.

### LE DVC.

Ie plains vôtre mal-heur.

### THOMAS MORVS.

Et moy vôtre aueuglement; Adieu, Monſieur.

*Il ferme la grille de la priſon.*

### LE DVC.

Ie n'ay iamais vû vne conſtance pareille à celle là. O que son crime fera de coupables ! si sa langue dément son cœur.

## SCENE IV.

### LE ROY.

ET bien, Monsieur le Duc, le Chancelier me veut-il obeïr ?

### LE DVC.

Sire , il emportera son crime dans le Tombeau.

### LE ROY.

Mais que vous a-t'il dit pour derniere responce ?

### LE DVC.

Qu'il faisoit son deuoir ; qu'il tenoit le chemin le plus seur ; qu'il estoit resolu à ce que Dieu voudroit , & qu'il plaignoit mon aueuglement ; puis me disant Adieu, en tirant sur moy le rideau de sa grille, il m'a fait connoistre qu'il changeroit de vie plustost que de discours.

### LE ROY.

I'en veux faire l'espreuue pour ma satisfaction,
& apprendre de sa bouche ses derniers sentimens.
I'ay commandé qu'on le fist venir : il ressentira
bien toft ma Iustice , s'il mesprise ma Bonté :
Le voicy.

### LE ROY.

Ie vous ay enuoyé querir , pour vous repre-
senter le crime de vostre rebellion , en desobeïs-
sant à vostre Prince ; & vous dire à mesme temps
que la memoire des longs seruices que vous m'a-
uez rendus, m'est encore si considerable, qu'elle
me fera oublier vostre faute, si vous estes dispo-
sé seulement à vous en repentir.

# SCENE V.

## THOMAS MORVS.

IRE, si c'est vn crime d'emporter dans le
Tombeau la qualité de Chrestien & de Catholique, la peine que vostre Maiesté m'en im-
posera, me sera tousiours plus agreable que la
grace qu'elle m'en pourroit donner , estant dis-

### LE ROY.

Que n'eftes vous fenfible à l'affection qui me refte encore pour vôtre Fortune! Si vous voulez m'obeïr, ie vous rendray le plus riche, & le plus grand de mon Royaume.

### THOMAS MORVS.

Mon obeïffance n'eft point à prix, où il y va de l'intereft de mon falut.

### LE ROY.

Pourquoy me voulez vous forcer à vous perdre, dans la paffion que i'ay de vous conferuer? Ie vous offre la moitié de mon Empire.

### THOMAS MORVS.

Quand V. M. m'offriroit tout le Monde enfemble, que ferois-ie de ce prefent? Ie n'ay iamais mefuré la grandeur de la Terre que par l'efpace de mon Tombeau, puifque tout le refte m'eft inutile. Celuy qui vous a mis la Couronne fur la tefte, & le Sceptre à la main, doit eftre obeï le premier. Il m'a fait naiftre vôtre fubiet; mais ie fuis fa creature.

## LE ROY.

Ie m'imagine bien qu'en l'âge où vous eftes les faueurs de la Fortune ne vous peuuent tenter: mais fongez vn peu que vous abandonnez vne Fille, dont les interefts vous doiuent eftre en tres-forte confideration.

## THOMAS MORVS.

Ma Fille fe confolera de ma perte, puifque Dieu la permet, & pour fa gloire & pour mon falut. Elle fera toufiours affez riche, quand elle fera vertueufe : ie ne luy fouhaitte point d'autre bien.

## LE ROY.

Puis que ma Clemence ne vous peut toucher, ie vous abandonne aux rigueurs de ma Iuftice.

## THOMAS MORVS.

Ie m'y fuis abandonné moy mefme le premier.

## LE ROY.

Qu'on m'apporte les teftes de fes compagnons, pour luy faire voir comme ie traitte fes femblables.

### THOMAS MORVS.

Ha ! Sire, que vous eſtes cruel à vous meſme,
de faire la guerre aux Innocens.

### LE ROY.

Vous n'auez vû ma cruauté qu'en peinture : en
voicy le relief ; & ce baſſin vuide attend voſtre
teſte pour en eſtre remply.

### THOMAS MORVS.

O precieuſes reliques des corps martyriſez, &
pour mon Sauueur, & pour mon Maiſtre ! Ie vous
adore auiourd'huy, comme des obiets d'vne gloire eternelle ; puis qu'en tombant à terre , vous en
auez acquis les Couronnes dans le Ciel. Ces funeſtes Baſſins, où l'on vous expoſe en montre,
ſont les premiers Autels qu'on vous a erigez ſans
y péſer, & où i'apporte auſſi mes premieres offran-
des. Et vous, grand Roy ! mais grand en mal-heur,
puiſque le Ciel vous abandonne ; croyez vous
que ces teſtes coupées laiſſent la voſtre en repos?
Leurs langues, quoy que muettes , crient vangeance de vos impietez ; & ſi vous n'entendez
pas leurs cris , voſtre ſurdité eſt le premier châtiment de voſtre crime. I'apprehende que le
iour de vos nopces , ne ſoit celuy de vos funerailles. Ne voyez vous pas deſia cette main van-

gereſſe qui paroiſt ſur voſtre teſte , pour eſcrire voſtre arreſt de mort ? Elle n'attend que mon ſang innocent, pour luy ſeruir de matiere. Mais quoy? l'Amour vous a bandé les yeux ; l'impieté vous a bouché les oreilles ; & le Ciel maintenant endurcit voſtre cœur, par le meſpris que vous faites de ſes graces. Finiſſez , finiſſez donc promptement voſtre Regne, à la honte de voſtre ſiecle, à la ruine de vos ſubiets , & à voſtre propre confuſion, puiſque les larmes & les cris, la Raiſon & la Pitié ſont également inutiles.

### LE ROY.

Le deſeſpoir de voſtre ſalut vous donne la liberté de vous plaindre.

### THOMAS MORVS.

Ie ne me plains pas dans mon innocence, des ſupplices où vous m'auez deſia condamné : ie voudrois ſeulement que mon corps peuſt ſeruir de but à tous les traits de voſtre colere.

### LE ROY.

Les Innocens , ny les Coupables ne doiuent point apprehender ma colere : il me ſuffit pour leur recompenſe , ou pour leur châtiment , que ie laiſſe regner ma Iuſtice.

## THOMAS MORVS.

Dans voftre aueuglement, il femble que voftre Maiéfté n'ait iamais porté que le Bandeau de la Iuftice, puifque fes paffions en tiennent la Balance, & les Bourreaux l'Efpée, pour affouuir fes cruautez.

## LE ROY.

Il eft temps que ie vous les faffe reffentir, apres vous les auoir fait connoiftre : Preparez vous à la Mort.

## THOMAS MORVS.

I'y fuis bien preparé, y eftant refolu. Ie voudrois que voftre Maiefté me fift arracher les yeux, & qu'elle recouuraft la veuë. Ie voudrois que ma tefte fuft defia à fes pieds, & la fienne à l'abry du coup dont elle eft menacée. Ie ne fçaurois me plaindre de voftre rigueur, puis qu'elle fait tant de Martyrs.

## LE ROY.

Ie me doute bien que vous ne ferez pas le dernier ; & que l'exemple de voftre rebellion, en produira beaucoup d'autres. Mais ie ne manque pas auffi de Bourreaux.

## THOMAS MORVS.

Vous ne mettez pas en compte ceux que voſtre Conſcience a deſia fait naiſtre dans voſtre ſein, pour tenir voſtre Ame à la geſne : les vns me vangeront de la cruauté des autres. Ie mourray, Sire, & cela me ſera commun auec voſtre Maieſté. Mais ſi le temps qui en marquera la difference, nous en fait partager la douleur; i'en auray toute la gloire.

## LE ROY.

Qu'on le meine au ſupplice : ſes diſcours trop hardis ſont de nouueaux crimes, qui forcent ma Iuſtice à le faire punir promptement.

## THOMAS MORVS.

La Mort ne me ſçauroit ſurprendre , puiſque ie l'attens à tous momens.

*Il s'en va.*

## LE ROY.

L'exemple de ſa punition étonnera les méchans, & retiendra les bons dans leur deuoir. Il faut que ie me faſſe craindre , ſi ie ne puis me faire aimer.

*Il s'en va.*

# SCENE VI.

## ARTHENICE, REINE.

V E les felicitez du monde s'enfuyent a-
uec vne grande violence ! A peine ay-ie
vû naiſtre mon bon-heur & ma gloire,
qu'ils ont diſparu dans vn moment, & ne m'ont
rien laiſſé qu'vn fàcheux ſouuenir de leur courte
durée. Hier l'allegreſſe n'auoit des cris que pour
celebrer la Feſte de mes Nopces; & auiourd'huy le
peuple n'a de voix que pour m'anoncer mes infortunes. Il me ſemble deſia que le Roy meſme laiſ-
ſant amortir le feu que mes yeux auoient allu-
mé dans ſon ame , attiſe peu à peu celuy de ſa
colere, pour me rendre l'obiet de ſa vangeance,
dés le moment que ie ne ſeray plus celuy de ſon
amour. Ha ! que les Couronnes feroient à bon
marché, ſi tout le monde reſſentoit, comme moy,
les eſpines dont elles ſont faites. Tous ceux qui
les regardent les ſouhaitent, comme ébloüis de
l'eſclat qui les enuironne ; Et tous ceux qui les
portent les meſpriſent , comme affaiſſez d'vn
fardeau ſi peſant. Mais quoy ? on doit ſouffrir

auec patience les maux qu'on ne peut euiter.
Si ma Vertu me rend miserable, me plaindray-
ie de mon mal-heur ? Il faut, il faut que ie suiu-
ue mon Destin, de peur qu'il ne m'entraine: ie se-
ray tousiours assez satisfaite de perdre la vie,
apres auoir sauué mon honneur.

*Elle s'en va.*

# SCENE VII.

## LE ROY.

E voudrois bien sçauoir si cét Ennemy de
mon Estat, & de mon repos, n'a point changé de langage en mourant.

### LE CAPITAINE des Gardes.

*Le Roy continuë à parler en le voyant.*

L'execution en est-elle faite ?

### LE CAPITAINE des Gardes.

Sire, il est mort : les vns trop hardis loüioient
sa probité: les autres plus pitoyables plaignoient

son mal-heur : mais tous ensemble ont admiré sa constance.

## LE ROY.

Sa Probité estoit feinte, son mal-heur veritable, & sa Constance necessaire : qu'on ne me parle plus de luy : ie veux enseuelir & son nom & sa memoire dans son Tombeau.

# SCENE VIII.

### CLORIMENE en deüil, parlant au Roy.

IE viens maintenant demander Iustice contre moy mesme du mespris que ie fay de vos Edits, estant resoluë à mourir dans la Religion Chrestienne & Catholique de mes Peres. Desalterez vostre colere dans mon sang, voicy vne nouuelle Victime.

### LE ROY.

Vostre ieunesse vous dispense de la rigueur de mes Edits, mais non pas du respect que vous me deuez.

CLORIMENE.

### CLORIMENE.

On doit du respect aux Rois , & non pas aux Persecuteurs de ceux qui obseruent la Loy de leur Createur . & de leur Souuerain Maistre. En l'estat où ie suis , ie desire vostre rigueur, & méprise vostre clemence.

### LE ROY.

Il y a des chastimens proportionnez à vostre âge : puisque vous ne sçauez pas vous taire , on vous apprendra à parler.

### CLORIMENE.

Quand ie serois muette, Dieu dénouëroit ma langue, pour publier le tort que vous vous faites, en faisant mourir vos plus fidelles subiets. Vos nouuelles amours, qui vous ont fait repudier la Reine , ont esté le seul motif qui vous a porté à vous separer de la vraye Religion , à la veuë du Ciel & de la Terre. Mais l'vn a des foudres pour se vanger , & l'autre des abysmes , pour engloutir ceux qui la font rougir de honte , en rougissant du sang des Innocens.

### LE ROY.

Qu'on m'oste cette Importune , dont la Pieté naturelle excuse l'impudence.

### CLORIMENE.

Ie ne doute point, Sire, que ma presence ne
vous soit importune , parce que vous voyez sur
mon visage , l'image de celuy que vous venez
d'immoler à vos passions. Mais quand mon obeïssance me fera retirer d'auprés de vous , l'Ombre
de mon Pere vous suiura par tout, pour vous
mettre incessamment deuant les yeux, & son innocence, & vostre crime.

### LE ROY.

Son innocence ! vostre Pere estoit coupable.

### CLORIMENE.

Dequoy l'accusoit-on ?

### LE ROY.

De m'auoir desobeï.

### CLORIMENE.

Il en meritoit recompense, plustost que châtiment.

### LE ROY.

On ne recompense iamais les Rebelles.

### CLORIMENE.

Il ne l'estoit que pour vostre gloire , & pour
son salut.

### LE ROY.

Dittes pluſtoſt qu'il l'a eſté, & pour voſtre dommage, & pour ſa perte.

### CLORIMENE.

Ie ſçay bien que vous l'auez fait perir : mais ſon trépas eſt digne d'enuie, pluſtoſt que de reproche.

### LE ROY.

On luy reprochera touſiours d'auoir reſiſté à mes volontez.

### CLORIMENE.

Sa reſiſtance fait toute ſa gloire : que ne luy commandiez vous des choſes raiſonnables, ſi vous vouliez eſtre obeï?

### LE ROY.

Vn Roy commande ce qu'il veut.

### CLORIMENE.

Vn homme de bien fait ce qu'il doit.

### LE ROY.

Eſt-ce le deuoir d'vn ſubiet, de s'oppoſer aux deſſeins de ſon Prince?

### CLORIMENE.

Eſt-ce le deuoir d'vn Roy, d'impoſer des Loix pleines d'Impieté, & de Sacrilege?

### LE ROY.

I'ay fait ce qu'il m'a plû.

### CLORIMENE.

Et luy ce qui eſtoit iuſte.

### LE ROY.

Il me ſuffit de luy auoir fait porter la peine de ſa deſobeiſſance.

### CLORIMENE.

Mais vous ne conſiderez pas que ſes maux ſont paſſez, & que les voſtres ſont à venir. Vous auez beau vous bagner de ioye, & dans ſon ſang, & dans mes larmes; vous en reſpandrez bien toſt d'inutiles, qui nous vangeront tous deux à la fois.

### LE ROY.

Qui vous fait parler de cette ſorte?

### CLORIMENE.

Ma douleur.

### LE ROY.

Qui vous rend si hardie?

### CLORIMENE.

Mon defespoir.

### LE ROY.

Ne me connoissez vous plus?

### CLORIMENE.

Non, vos crimes vous rendent méconnoisfable.

### LE ROY.

Ie vous feray connoistre ma puissance.

### CLORIMENE.

Et que puis-ie craindre en l'estat où vous m'a-uez reduitte? L'exil, la prison, la gesne, & la mort font les obiets de mes desirs, aussi bien que de vostre tyrannie: Acheuez, acheuez le Sacrifice que vostre Cruauté a commencé. Vous auez immolé le Pere: n'espargnez pas la Fille : Vous n'en voulez qu'aux Innocens ; ie vous offre ma vie pour vous satisfaire.

P iij

## LE ROY.

Ie fuis affez fatisfait ; il faut luy laiffer la liberté de fe plaindre.

## CLORIMENE.

Ie me plaindray auffi continuellement ; & fi
mes plaintes font eternelles, vos tourmens ne fi-
niront iamais.

Mais vous, adorable Victime, vnique obiect
de mon Amour, qui voyez maintenant du Port
où vous eftes, la tourmente où ie me trouue ;
ioignez vos prieres à mes vœux, pour celebrer
promptement vos funerailles de mes derniers
foupirs. Ha ! mon cher Pere, vos feruices meri-
toient icy bas vne autre recompence: Mais comme le Monde & la Fortune ne vous pouuoient
donner que des Couronnes de leur façon, dont
la matiere fe reduit en cendre auec les teftes qui
les portent, le Ciel vous en referuoit vne autre
qui fuft à l'efpreuue du Temps. Viuez, viuez donc
heureux, apres tant de mal-heurs, dont ie fuis
maintenant vne nouuelle fource: que fi le bruit de
mes regrets trouble voftre repos, fouuenez vous
que le mien git dans voftre fepulture. Mon cœur,
qui fait encor vne partie du voftre, foupire tou-
jours apres vous, fe voyát feparé de luy mefme : &
mes yeux vous cherchant par tout ; & ne pouuant

vous treuuer que dans la Sepulture, y veulent ré-
pandre auiourd'huy toutes leurs larmes, & y laiffer leurs derniers regards, auec cette miferable
vie qui m'y traine! Mes ennuis dans leur excés,
me confolent : ma douleur dans fon extremité
me réjoüit, puis qu'elle me fait voir au trauers de
mes larmes, le bout de ma penible carriere. O
que la Mort eft douce à celuy qui l'attend!

# FIN.

# PRIVILEGE DV ROY.

LOVIS par la grace de Dieu Roy de France & de Nauarre. A nos amez & feaux Conseillers, les gens tenans nos Cours de Parlement, Maistres des Requestes ordinaires de nostre Hostel, Baillifs, Seneschaux, Preuosts, leurs Lieutenans, & tous autres de nos Iusticiers, & Officiers qu'il appartiendra, Salut. Nostre bien amé le Sieur de la Serre, nous a remonstré, qu'il a composé vn Liure intitulé, *Thomas Morus, ou le Triomphe de la Foy & de la Constance, Tragedie en Prose* ; lequel il desireroit faire imprimer, s'il auoit nos Lettres sur ce necessaires, lesquelles il nous a tres-humblement supplié de luy accorder : A CES CAVSES, Nous auons permis & permettons par ces presentes audit exposant de faire imprimer, vendre & debiter ledit Liure en tous lieux de nostre obeïssance, par tel Imprimeur ou Libraire qu'il voudra choisir, & en telles marges, en tels caracteres, & autant de fois que bon luy semblera, durant l'espace de cinq ans entiers & accomplis, à compter du iour qu'il sera acheué d'imprimer pour la premiere fois : Et faisons tres-expresses défences à toutes persónes de quelque qualité ou condition qu'ils soiét, d'imprimer, faire imprimer, vendre ny debiter en aucun lieu de nostre obeïssance ledit Liure, ou partie d'iceluy, souz pretexte d'augmentation, correction, changement de tiltre, ou autrement, en quelque sorte & maniere que ce soit, à peine de quinze cens liures d'amende, applicable vn tiers à Nous, vn tiers à l'Hostel Dieu de Paris, & l'autre tiers à l'Exposant, ou au Libraire qu'il aura choisi, de confiscation des exemplaires contrefaits, & de tous despens, dommages & interests: à condition qu'il sera mis deux exéplaires dudit Liure en nostre Bibliotheque publique, & vne en celle de nostre tres-cher & feal le Sieur Seguier, Cheualier Chancelier de France, auant que de l'exposer en vente, à peine de nullité des presentes : Du contenu desquelles nous vous mandons que vous fassiez iouïr plainement & paisiblement ledit Exposant, ou ceux qui auront droict de luy, sans qu'il leur soit donné aucun empeschement. Voulons aussi qu'en mettant au commencement ou à la fin dudit Liure vn extrait des presentes, elles soient tenuës pour deuëmét signifiées, & que foy y soit adioustée, & aux copies collationnées par l'vn de nos amez & feaux Conseillers & Secretaires, cóme à l'Original. Mandons aussi au prémier nostre Huissier ou Sergent sur ce requis, de faire pour l'execution des presentes tous Exploits necessaires, sans demander autre permission. CAR tel est nostre plaisir, nonobstant Clameur de Haro, Chartre Normande, & autres Lettres à ce contraires. DONNE' à Paris le 26. iour d'Octobre, l'an de Grace 1641. Et de nostre Regne le 31. Par le Roy en son Conseil, Signé, CONRART.

*Les Exemplaires ont esté fournis, ainsi qu'il est porté par le Priuilege.*

---

Et ledit sieur de la Serre a cedé & transporté les droits de son Priuilege à Augustin Courbé Marchand Libraire, ainsi qu'il est porté par l'accord fait en tr'eux.

Acheué d'imprimer pour la premiere fois le 4. iour de Ianuier 1642.